JN087613

第2版

医師・歯科医師
のための
「税金」と「経営」
のエッセンスがわかる本

税理士法人青木会計　代表社員
税理士・行政書士
青木 惠一 著

税務研究会出版局

はしがき

　ある方から「利益がたくさん出ていて安心だけど、税金が多いんだよ。これならもっと『経費』を使ったのに！」と愚痴を交えて相談されたことがあります。続けて、「経費を使うと税金が減って得だと思うんだけど、ウチの税理士はなるべく経費は使わない方がいいと言うんだよ。どう思う」と話されました。

　また、別の方からは、「相続税対策には借金が一番効果的と聞いたけど本当なの」と質問をいただきました。

　「経費」をたくさん使うと税負担が減って「得する」という考えや、「借金」が相続税対策に効果があるという理解を一面的な見方で捉えると「経費」や「借入金」と税金計算の本質的な関係を見誤ることになります。多面的な視点で取引の本質を理解したうえで経費を使い借金をしなければ正しい税金対策を実行することはできません。

　個人開業医が一人医師医療法人化した後、セカンドオピニオンを求められることがあります。そこで多い質問は「法人化したら俺の小遣いが減った」というものです。「法人の財布にはたっぷりお金があるのに俺のフトコロは苦しい。節税になると思い法人化したのにどうしてだ」と。そして極端な場合には「また個人開業医に戻りたい」となります。

　法人化の仕組みを正しく理解して、理事長個人の財布が軽くなることを前提に節税と資金繰りのスキームを作ることは必須です。また、単年度で医療法人が赤字になるとその年度は税金面で損をすることになります。このことも理解していれば医療法人を黒字化して運営し法人化のメリットを享受する運営が可能となります。

本書では医師・歯科医師にまつわる「税金」と「経営」に関してエッセンスをご理解いただくことを主眼に執筆しています。この度の第2版に際しては、医療法人が令和5年8月決算以降義務付けられた「医療法人の経営情報データベース（MCDB）報告制度」や令和5年度税制改正で「大幅に改正された贈与税制」、さらには「マンションの評価方法の見直し」などを解説項目に追加して出版する運びとなりました。これらは今後の経営と税金対策に資する重要な内容と自負しています。

　なお、第2版刊行に際しては、税務研究会　桑原妙枝子様に叱咤と激励と様々な確認をお願いいたしました。心より感謝申し上げます。

　また、執筆に協力してくれた税理士法人青木会計・税理士青木由美子氏、税理士相樂祐樹氏にはこの場を借りてお礼申し上げます。

令和5年9月吉日

税理士　　青木　惠一

もくじ

※本書の内容は、令和5年9月30日現在の法令・通達等に基づいています。

※本書内に記載されている会社名、商品名、製品名などは各社の登録商標又は商標です。また、本文中では特に®マーク、
　TMマークは明記しておりません。

1 「経費を使うこと」は得か？

　税務申告に際し、クライアントである経営者から「利益がたくさん出ていて安心だけど、税金が多いんだよ。これならもっと経費を使ったのに！その方が得でしょう。」と愚痴を交えて相談されたことがあります。「税金を減らすために経費を使うことは得」と考える方は割合多く複雑な心境になります。

　果たして「経費を使うこと」は得なのでしょうか。また「経費を使う効果」とはどのようなものでしょうか。

■ 1　個人開業医の場合

（1）経費を使う効果

　【事例1】をみてください。

　3,000万円の課税所得金額（＝税金計算上の利益）があった個人開業医（内科）A氏の税金はもともと1,220.4万円でした。追加で100万円の支出をし、これを経費として落としたら、税金は1,170.4万円となります。

　さて、こうした対策を「税金が50万円減ったから得」と考えていいのでしょうか。

【事例1】　個人開業医（内科）A氏

令和〇年分　事業所得を中心に課税所得金額が3,000万円であった。

（1）速算表により所得税・個人住民税を計算すると
　　3,000万円×50％－279.6万円＝税金1,220.4万円
（2）追加で100万円の支出をしてこれを経費で落とした場合
　　（3,000万円－100万円）×50％－279.6万円＝税金1,170.4万円
（3）（1）－（2）＝50万円
　　税金を50万円減らすことができたが、果たしてこれは得なのか？

※ 便宜上、復興特別所得税及び事業税は除いています。

▶ 所得税・住民税の速算表

課税される所得金額	税率 (所得税＋住民税10%)	控除額
1,000 円から 1,949,000 円まで	15%	0 円
1,950,000 円から 3,299,000 円まで	20%	97,500 円
3,300,000 円から 6,949,000 円まで	30%	427,500 円
6,950,000 円から 8,999,000 円まで	33%	636,000 円
9,000,000 円から 17,999,000 円まで	43%	1,536,000 円
18,000,000 円から 39,999,000 円まで	50%	2,796,000 円
40,000,000 円以上	55%	4,796,000 円

　上記の対策は税金50万円を減らすために100万円の支出をしていることになります。つまり「100万円×50%（適用される超過累進税率の一番高い税率）＝50万円」分だけ税金は減ったわけですが、懐からは100万円が出ています。

　もし100万円の経費を使わなければ、税金を50万円納めます。

　しかし、懐には50万円のお金が残ることになります。

　この残ったお金が生活費や貯蓄、住宅ローンの支払原資となるのです。

　極端な例ですが、3,000万円の利益が出た個人開業医が追加で3,000万円経費を使うと利益はゼロで税金もゼロです。しかし、生活費もゼロとなってしまいます。

　この点をしっかり理解して経費を使うことが重要です。

(2)「経費」は適用税率分の割引支出と考える

　少し視点を変えて考えてみましょう。

　「経費を使うこと」は、**「税率分（適用される超過累進税率の一番高い税率分）の割引支出」**といえます。

【事例2】をみてください。課税所得金額が高いほど超過累進税率の最高税率は高くなります。その分「経費の割引率」も高くなるわけです。

つまり、経費を使うと所得が減少しますが、それは税率の高いところから減少するからです（**参考2**）。

しかし、必要のないものを割引で買っても意味がありません。最高でも55%の割引率ですが、仮に100万円の経費を使わなければ45万円が手元に残るのです。

この点を正確に理解し、**本当に必要なものに対し経費を使うこと**が、真の意味での「得」となります。

【事例2】 個人開業医における経費の割引率

課税所得金額が下記に掲げた場合で、それぞれ追加で「経費」として100万円を支出したケースでは、下記のとおり税金が減少します。

- 課税所得金額5,000万円の場合
  100万円×55％＝55万円税金が減少する。➡55％割引
- 課税所得金額2,000万円の場合
  100万円×50％＝50万円税金が減少する。➡50％割引
- 課税所得金額1,500万円の場合
  100万円×43％＝43万円税金が減少する。➡43％割引
- 課税所得金額800万円の場合
  100万円×33％＝33万円税金が減少する。➡33％割引

【参考2】経費は超過累進税率の高い方から所得を減らす

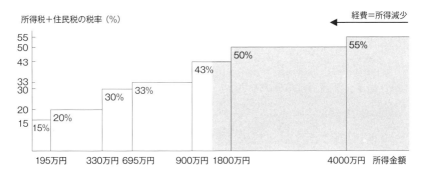

2 医療法人の場合

医療法人の税率は基本的にフラットな比例税率です。一般的には税率は国税と地方税を合わせて30%程度になります。

仮に税率を30%と仮定して経費を使う効果を計算すると、【事例3】のようになります。

つまり、「税率30%分の割引」支出となります。

【事例3】 医療法人〇〇会における経費の効果

第X期分　課税所得金額が3,000万円であった。
（1）比例税率により法人税等を計算すると
　　　3,000万円×30%＝税金<u>900万円</u>
（2）追加で100万円の支出をしてこれを経費で落とした場合
　　　（3,000万円－100万円）×30%＝税金<u>870万円</u>
（3）（1）－（2）＝30万円
税金を30万円減らすことができたが、果たしてこれは得なのか？

【事例3】の場合、経費を使わなければ内部留保が70万円増加することになります。医療法人の内部留保は借入金の元金返済や医療用機器等の設備投資、将来の役員退職金の原資などになります。**<u>内部留保が多い医療法人が経営的には「強い」</u>**法人といえます。

この点を正しく理解する必要があります。

医療法人の場合も**本当に必要なものに対し経費を使うこと**が、真の意味で「得」となります。

2 個人開業医が医療法人化するときの メリットとデメリット

▌1 一人医師医療法人ブームの始まりは「税金対策」

　厚生労働省の発表では、令和5年3月31日現在、全国の医療法人総数は5万8,005（1年で864増加）とのことです。昭和25年に医療法人制度が創設されて以降、法人数は毎年確実に増加しています。

　中でも法人数増加に大きく寄与しているのが「一人医師医療法人（**12** 参照）」と呼ばれる小規模な診療所を母体とする医療法人です。一人医師医療法人の数は4万7,924（1年で629増加）で、全体の82.6％を占めています。

　一人医師医療法人は個人開業医の「法人成り」により設立される場合が大半です。筆者が税理士登録したのは平成元年4月ですが、その年は一人医師医療法人ブームの始まりの年でした。昭和60年の医療法改正により設立が可能となった一人医師医療法人ですが、手続きは面倒で、メリットも多くなかったため、昭和63年12月末時点で活用はわずか1,557法人という状況でした。これを覆したのが税制改正です。当時、小規模な診療所を経営する個人開業医の多くは「医師優遇税制（**11** 参照）」と呼ばれる「概算経費特例」の恩恵を受けていました。しかし、平成元年、税制改正によって医師優遇税制の対象者から社会保険診療報酬5,000万円超の個人開業医が除かれたのです。除外された個人開業医は必要経費を実額計算しましたが、概算経費に比べて課税所得が大幅に増加することになりました。当時の累進税率は課税所得金額2,000万円超の部分に65％（地方税含む。）が適用されていましたので、税金が年間で数百万円から数千万円増加する個人開業医が続出したのです。

　ここで、税金対策として注目されたのが一人医師医療法人制度による「法人成り」でした。法人化の際の面倒な手続きが一部緩和されたこともあり

ますが、院長を中心とした同族グループ内での税金負担が抑えられる点が高評価されて、医療法人成りが一気に増え、平成元年1年間で5,063法人増加しました。法人化ブームはその後も続き、平成4年の年末には全国で1万3,205の一人医師医療法人が存在するに至りました。

　一人医師医療法人制度創設の目的は「小規模な診療所の経営と家計を分離し、経営基盤を強化し、医療設備、機能の充実を図り、診療所経営の近代化・合理化を図ること」でしたが、実際、ブームの原動力となったのは「税金対策」でした。そのため、今でも法人化を検討する個人開業医の関心は「税金対策」に向けられることが多いと思います。

2　医療法人化のメリットとデメリット

　筆者は、頻繁に個人開業医の院長から医療法人化のメリットとデメリットについて尋ねられます。それは平成元年以来ずっとです。

　質問は「税金対策」が中心という点は変わらないのですが、長い年月の中で、法人化を取り巻く状況が相当変化したことに伴い質問内容は多様化しています。一番大きな変化は平成19年4月1日以降、新規設立の医療法人は「持分なし医療法人」に限られたことでしょう。また、個人の累進税率は最高が65％から55％（途中で50％の時代もありました。）に引き下げられ、青天井だった給与所得控除には制限が設けられました。公的介護保険法の施行と地域包括ケアシステム構築に向けて医療法人の業務範囲は介護分野を中心に徐々に拡大されてもきました。

　また、健康保険料や消費税など公費を主たる財源とする診療報酬を主な収入源とする医療法人に対しては監督官庁の指導・監督は厳しさを増しており、情報開示やガバナンス強化も求められ、役員の責任は重くなっています。

　税金対策を出発点に法人化を検討するのは定番ですが、近年一人医師医療法人は、業務の多角化や効率化を目的としたり、相続・事業承継対策を兼ね

たりとその動機は多様化しています。一般論ですが、現在の一人医師医療法人化のメリットとデメリットを整理すると概ね次のように考えられます。

▶ 医療法人化のメリット

1 院長を中心とした同族グループ内で税の軽減効果が得られる（**3** 参照）。
- 法人税（比例税率）と所得税（累進税率）の税率差が生じる。
- 同族役員へ支給する役員報酬により所得分散がされ、累進税率が緩和される。
- 役員報酬には給与所得控除が適用される（注1）。

2 医療法人を母体に経営の多角化を図ることができる（注2）。
- 法人で分院設立ができる。
- 法人で附帯業務を行うことができる。
- 法人で介護老人保健施設など介護事業を行うことができる。

3 役員退職金を受け取ることができる（老後の生活保障）（注3）。

4 リスクマネジメントへの対処がしやすい（注4）。
- 法人契約の掛捨て生命保険は保険料が損金（経費）に算入できる。
- 役員の死亡、医療、がん、認知症、傷害補償などへの備えを法人契約の保険で手当てできる。

5 相続税対策、事業承継対策がしやすい。
- 「持分なし医療法人」の内部留保には相続税が課税されない。
- 「持分あり医療法人」の持分には相続税が課税されるため対策が必要となる。反面、医業で使用している宅地等が「特定同族会社事業用宅地等」に該当すれば面積400㎡まで相続税評価額が80％減額される（注5）。
- 事業承継に際して、個人開業医は開設者・管理者を変更するため、すべてがリセットされ面倒。対して医療法人は、開設者は医療法人のため、管理者・理事長の変更をすれば承継できる。保険医療機関番号の変更もなく、税務面・労務面での継続性・連続性も保たれる。

6 事業と家計の分離が明確となる。
- 事業資金とプライベート資金が明確に分離される。
- 事業と家計が分離され、対外的信用力が向上する。

7 決算期は繁忙期を避けて設定できる（注6）。

8 その他
- 自費診療中心の医療法人では、設立当初2年間、消費税の納税義務が免除される可能性がある（注7）。

- 設立当初、「概算経費特例」を使うことができる（11 参照）。
- 社会保険診療報酬に対する源泉徴収がなくなる。
- 納税資金の借入利息など損金算入できる項目が増える。
  ※納税資金を借入金で賄うことには問題がある。
- その期が赤字の場合、10 年間繰越控除ができる。
  ※医療法人が赤字を出すことには問題がある（3 参照）。

▶ 医療法人化のデメリット

1 所得分散がされるため、院長個人の可処分所得は減少する（3 参照）。
- 役員給与として所得が分散されるため、誰の財布にいくら残るのかを把握し、生活費、教育費、住宅ローン等の負担者を決める必要がある。
- 分散された所得の一部は医療法人の内部に留保される。内部留保の主な使途は医療事業への設備投資などであるが、将来の役員退職金への準備も可能となる（老後の生活保障）。

2 「持分なし医療法人」が解散する場合、残余財産は国等（98 ページ参照）に帰属する。

3 都道府県など監督官庁から指導・監督される。
- 毎期、決算後に事業報告書等を提出し、医療法を基に指導・監督がされる。
- 剰余金の配当禁止規定に抵触する支出はできない。この有無は「関係事業者との取引状況に関する報告書（30 参照）」で厳しくチェックされる。

4 医療法人の経営情報開示やガバナンス強化などを図る必要がある。
- 毎期、決算後に都道府県知事に提出した事業報告書等（注8）は3期分、都道府県のホームページで誰でも閲覧することができる。
- 事業収益70億円以上又は負債額50億円以上の医療法人、若しくは、事業収益10億円以上又は負債額20億円以上の社会医療法人は公認会計士等の外部監査が必要でB/S、P/Lの公告をしなければならない（社会医療法人はすべてが公告対象となる。）。
- 健全な法人運営を行ううえで必要な管理体制の構築や内部統治をしなければならない。役員の責務や役割等は医療法で規定されており、遵守しなければならない。
- 毎期の資産総額の変更登記や2年ごとの役員改選手続きなど法人化により事務手続きは複雑化する。
- 令和5年8月決算以降、病院や診療所の施設ごとの経営等の情報（医療法人の経営情報）の報告が必要となった（31 参照）。

5 理事長資格者、役員資格者に制限がある。
  - 原則として、医師・歯科医師以外は理事長になれない。
  - 監事は、指導により、同族親族などが就任できないよう制限が加えられている。
  - MS法人の役員との兼任は原則認められない。

6 医療法人には業務制限がある（注2）。

7 その他
  - 設立時に手間と費用がかかる。
  - 役員、従業員とも厚生年金に強制加入となる。
  - 小規模企業共済は脱退しなければならない（ 14 参照）。
  - 交際費に損金算入限度額が設けられている（ 5 参照）。
  - 地方税の均等割りが生じる。

（注1）「給与所得控除」は非課税枠

　役員報酬は給与所得として課税されます。給与所得は、給与収入から概算経費である「給与所得控除（【図表1】参照）」を差し引いて所得金額（儲け）を計算します。給与に対する経費を一切使っていない場合でも給与所得控除は一律控除されるため、**給与収入に対する非課税枠**といえます。個人開業医が法人化して院長が理事長報酬を稼得した場合でも控除できるため節税効果は抜群で、美味しい制度といえます。

【図表1】 給与所得控除額の速算表

給与等の収入金額 （給与所得の源泉徴収票の支払金額）	給与所得控除額
1,625,000 円まで	550,000 円
1,625,001 円から　1,800,000 円まで	収入金額×40% － 100,000 円
1,800,001 円から　3,600,000 円まで	収入金額×30% ＋ 80,000 円
3,600,001 円から　6,600,000 円まで	収入金額×20% ＋ 440,000 円
6,600,001 円から　8,500,000 円まで	収入金額×10% ＋ 1,100,000 円
8,500,001 円以上	1,950,000 円（上限）

▶ 同族役員における給与所得控除

- 理事長の役員報酬が年間で2,400万円の場合 ··············· 195万円
- 理事（理事長の配偶者）の役員報酬が年間で960万円の場合 ·· 195万円
- 理事（理事長の子）の役員報酬が年間で600万円の場合
　　　　　　　　　··············· 600万円×20％＋44万円＝164万円

事例では同族役員全体で554万円（給与収入の14％）が非課税とされる。

（注2）経営の多角化と業務制限

　医療法人は法人を母体に「本来業務（病院、診療所、介護老人保健施設、介護医療院）」と「附帯業務（訪問看護ステーションなど）」を営むことができます。個人開業医に比べて経営の多角化が図れますが、行うことができる業務には制限もあります（【図表2】参照）。

【図表2】医療法人の業務範囲と内容

法人		業務	内容
一般の医療法人・特定医療法人	社会医療法人	本来業務（医法39）	医療法39条に定める施設の運営 （例）病院、診療所、介護老人保健施設、介護医療院の経営
		附帯業務（医法42）	医療法42条1項に定める業務（定款記載が必要） （例）訪問看護ステーション、サービス付き高齢者向け住宅、有料老人ホーム、企業主導型保育事業、産後ケア（市町村の委託を受けて実施するもの）など
		附随業務	本来業務及び附帯業務に附随して発生する業務で収益業務的な規模に至らないもの （例）患者用駐車場、職員食堂、医院施設内の売店など
		収益業務（医法42の2）	厚生労働大臣が認めた一定の収益業務（定款等記載が必要） （例）介護用品等の販売、医療用機器の貸付け、一般駐車場経営など
		附帯業務のうち社会福祉法に基づく社会福祉事業（医法42）	第1種（ケアハウス、知的障害者施設など児童入所施設、身体障害者療養施設など障害者入所施設の設置・運営） （注）社福限定の特別養護老人ホーム等は対象外
			第2種（保育所など通所施設、デイサービスセンターなど通所施設の設置・運営）

(注3) 役員退職金は老後の生活保障

　個人開業医の場合、経営者（共同経営者を含む。）の退職金制度として「小規模企業共済制度」を活用することができますが、掛金の上限は月額7万円です（ **14** 参照）。これに対し、医療法人の役員は、勤続年数等に応じて役員退職金の支給を受けることができます。医療法人が支払った役員退職金で**税務上「適正額」**とされるものは**損金（経費）**となります。また、受け取った役員には「**①退職所得控除額の控除、②2分の1課税**（特定役員等（勤続年数5年以下の一定の法人役員等をいいます。）に該当した場合には2分の1課税の適用を受けられません。）、**③分離課税**」という3つの恩典があります（ **9** 参照）。医療法人の内部留保の一部は、役員退職金の原資となるためこれを積み上げることが**役員の老後の生活保障**につながります。

(注4) 保険によるリスクマネジメントへの対処

　個人開業医が契約者・被保険者となって生命保険料を支払った場合には必要経費とはならず**「生命保険料控除」**の対象とされます。平成23年以前と平成24年以降に締結した契約により取扱いが異なりますが、最高でも生命保険料控除額は12万円に制限されます（**【図表3】**参照）。

　これに対し、**「医療法人を契約者・保険金受取人」**とし、**「役員を被保険者」**とする掛け捨ての生命保険（**定期保険**）契約を締結した場合には、支払保険料は**全額医療法人の損金（経費）**となります。また、解約返戻金のある**長期定期保険**や**逓増定期保険**、役員の**医療保険・がん保険・認知症、七大疾病、事故などへの備え**を法人契約の保険で手当てした場合も、一部の保険料を損金とすることができる場合があります。これらにより、税の軽減を図りながら理事長の不慮の事故や病などに備えるリスクマネジメントが達成されます。また、**終身保険**の支払保険料は損金にはならず資産計上されますが、医療法人の内部留保を活用したリスクマネジメントができます。終身保険などの解約返戻金は役員退職金の原資にすることも可能であり、保険契約そのものを

現物で役員退職金に充てることもできます。法人化した際は、リスクマネジメントしながら資金の内部留保が可能となる保険活用は検討に値すると思います。

※「持分をまるまる残す生命保険の活用法」は **17** 参照。

【図表3】個人の場合の生命保険料控除

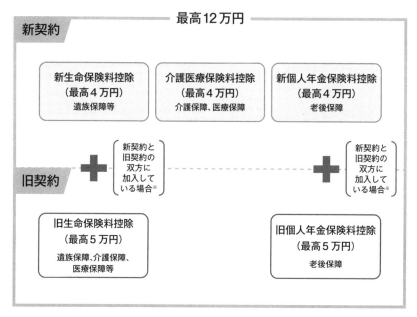

※ 新契約と旧契約の双方に加入している場合は、旧契約の支払保険料等の金額によって控除額の計算方法が変わります。

• 旧契約の保険料が6万円超の場合：旧契約の支払保険料等の金額に基づいて計算した控除額（最高5万円）

• 旧契約の保険料が6万円以下の場合：新契約の支払保険料等の金額に基づいて計算した控除額と旧契約の支払保険料等の金額に基づいて計算した控除額の合計額（最高4万円）

出典：国税庁ホームページ 「No1140 生命保険料控除」より

（注5）「特定同族会社事業用宅地等」に該当する場合

　「持分あり医療法人」の理事長（被相続人）が医業で使用している宅地等を所有している場合で、それが「特定同族会社事業用宅地等」に該当すれば、選択により面積400㎡を限度に相続税評価額が80%減額され相続税対策となります。これに該当するための貸付けの形態は以下の2つとなります。

（1）　理事長個人が所有している土地を医療法人に貸付けし、医療法人が病医院用建物を建築している場合

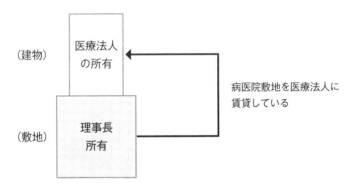

（2）　理事長個人が所有している土地の上に、理事長名義の病医院用建物を建築し、その建物を医療法人に貸付けしている場合

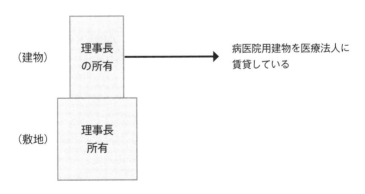

　また、特定同族会社事業用宅地等に該当するための適用要件を図示すると次のようになります。

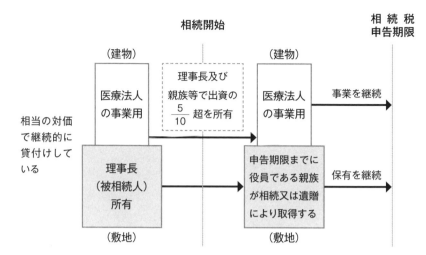

〈留意点〉

　相続税の申告期限（相続開始後10ヶ月以内）までに、医療法人の解散を総会で決議した場合や、賃貸料の支払をやめて無償にした場合、また、宅地等を取得した者が売買契約を締結したような場合には、事業継続要件を満たさないこととなるため評価減の適用が受けられなくなる可能性がありますので注意が必要となります。

(注6)医療法人の決算期は繁忙期を避けて設定が可能

　個人開業医は暦年で決算を締めて翌年3月15日までに確定申告します。内科や耳鼻咽喉科の個人開業医は決算申告時期が繁忙期と重なりますが、この手続きを行わなければなりません。これに対して医療法人は、医療法で原則「会計年度は、4月1日に始まり、翌年3月31日に終わる」とされていますが、「定款に別段の定めがある場合は、この限りでない。」とも規定されています。**つまり、医療法人の決算期は繁忙期を避けて設定する**ことができるわけです。例えば、耳鼻咽喉科では2月〜4月頃、皮膚科であれば6月〜8月頃、内科系であれば冬場が繁忙期となるため、これを避けて決算期を設定し、決算対策に時間がかけられるスケジュールを実現することが可能となります。

（注7）消費税の納税義務免除

　自費診療中心の医療法人などで基準期間（当期の2期前の会計期間）の課税売上高が1,000万円超となる場合には消費税の納税義務を負うことになります。ところで、現在の**新規設立の医療法人**は「**持分なし医療法人**」であるため、**設立直後の1期目の会計年度は消費税の納税義務が免除**されます。また、2期目も次の条件のいずれかを満たせば消費税の納税義務が免除されます。

- ・特定期間の課税売上高が1,000万円以下の場合
- ・特定期間の給与等支払額の合計額が1,000万円以下の場合

　特定期間とは、その事業年度の前事業年度開始の日以後6ヶ月の期間を指します。なお、直前期が7ヶ月以下の場合は、原則として特定期間による判定は不要とされています。そのため**設立1期目が7ヶ月以下**ならば**2期目も消費税の納税義務が免除**されます。そこで、1期目が7ヶ月以下になるように設立日を設定すれば消費税は最長1年7ヶ月分まで免除されます。美容皮膚科や矯正歯科など自費による診療収入が多い個人開業医が法人化する際は、この点を加味して設立時期を決めると法人化のメリットが増加することになります。

（注8）事業報告書等

　事業報告書とは、「事業報告書、財産目録、貸借対照表、損益計算書、関係事業者との取引の状況に関する報告書（ **30** 参照）その他厚生労働省令で定める書類」をいいます。毎会計年度終了後2ヶ月以内に作成し、監事監査を受け、理事会の承認を受けた後、理事により社員総会に提出されます。社員総会では、貸借対照表と損益計算書は承認を受け、事業報告書・財産目録・関係事業者との取引の状況に関する報告書は理事が報告します。事業報告書等は毎会計年度終了後3ヶ月以内に都道府県知事に届け出なければなりません。

3 医療法人化すると 理事長の財布は軽くなる!

▌1　医療法人化すると理事長の財布は軽くなる!

　個人開業医が法人成りして一人医師医療法人を設立することは多々あります。法人化にはメリットもデメリットもありますが（**2**参照）、ここでは医療法人化すると理事長の財布は軽くなるということを解説します。

　「医療法人成りシミュレーション」をご覧ください。医業の総収入金額が1億2,000万円、事業所得金額（医業の儲け）が4,535万円、専従者給与年額600万円という個人開業医が医療法人化したら、関係者の財布の中身（個人の可処分所得や法人の内部留保）はどう変化するかを確認します。なお、次のページのシミュレーションはあくまでも前提条件のもと、概算によるイメージと捉えてください。

医療法人成りシミュレーション

○○クリニック　様

（単位：円）

		個人開業医	医療法人	差額
	総収入金額	120,000,000 円	120,000,000 円	
	医業原価	8,000,000 円	8,000,000 円	
	販売費・一般管理費	60,000,000 円	61,427,400 円	
	理事長報酬	円	30,000,000 円	
	専従者・理事報酬	6,000,000 円	9,600,000 円	
	医療法人所得金額		10,972,600 円	
	法人税・地方法人税・住民税		2,286,100 円	
	法人事業税・法人特別事業税		51,400 円	
	税金合計		2,337,500 円	2,337,500 円
理事長	青色申告特別控除額	650,000 円	円	
	給与収入金額	円	30,000,000 円	
	給与所得控除・調整控除額		2,100,000 円	
	事業所得金額	45,350,000 円	円	
	所得金額合計	45,350,000 円	27,900,000 円	
	所得控除額	2,820,160 円	2,295,700 円	
	課税所得金額	42,529,000 円	25,604,000 円	
	所得税	14,342,050 円	7,445,600 円	
	復興特別所得税	301,183 円	156,357 円	
	住民税	4,266,800 円	2,574,300 円	
	個人事業税	85,000 円	円	
	税金合計	18,995,000 円	10,176,200 円	− 8,818,800 円
専従者・理事	給与収入金額	6,000,000 円	9,600,000 円	
	給与所得控除・調整控除額	1,640,000 円	2,060,000 円	
	所得金額合計	4,360,000 円	7,540,000 円	
	所得控除額	480,000 円	1,193,700 円	
	課税所得金額	3,880,000 円	6,346,000 円	
	所得税	348,500 円	841,700 円	
	復興特別所得税	7,318 円	17,675 円	
	住民税	395,500 円	642,000 円	
	税金合計	751,300 円	1,501,300 円	750,000 円
	税金総合計	19,746,300 円	14,015,000 円	− 5,731,300 円
	法人留保金額		8,635,100 円	8,635,100 円
	院長・理事長　可処分所得	24,944,840 円	18,288,100 円	− 6,656,740 円
	専従者・理事　可処分所得	5,248,700 円	7,385,000 円	2,136,300 円
	留保金額・可処分所得合計	30,193,540 円	34,308,200 円	4,114,660 円

（前提条件）

(1) 令和5年3月31日現在の法令を基に計算しています。

(2) 専従者給与は年600万円で計算しています。

(3) 役員報酬額は理事長／月額250万円、理事／月額80万円と仮定して計算しています。

(4) 社会保険料について

① 【医療法人】厚生年金保険料負担額を下記金額と仮定して計算しています。

	標準報酬月額	厚生年金保険料（法人負担分）
理事長	650,000 円	59,475 円／月
理事	650,000 円	59,475 円／月
合計		118,950 円／月

注1）個人も法人負担額と同額の負担が生じます。

(5) 【個人開業医】【医療法人】院長先生の所得控除額を下記金額と仮定して計算しています。

	個人開業医	医療法人
医療費控除		
医師国保	822,000 円	822,000 円
国民年金	398,160 円	円
厚生年金	円	713,700 円
小規模企業共済	840,000 円	円
生命保険料控除	50,000 円	50,000 円
地震保険料控除	50,000 円	50,000 円
寄附金控除	280,000 円	280,000 円
扶養控除（子・16歳）	380,000 円	380,000 円
基礎控除	円	円
合計	2,820,160 円	2,295,700 円

注1）健康保険は医師国保加入を前提としています。

(6) 【個人開業医】【医療法人】配偶者の所得控除額を下記金額と仮定して計算しています。

	個人開業医	医療法人
国民年金	円	円
厚生年金	円	713,700 円
小規模共済	円	円
生命保険料控除	円	円
基礎控除	480,000 円	480,000 円
合計	480,000 円	1,193,700 円

(7) 【個人開業医】【医療法人】

可処分所得については、「税金」「医師国保」「国民年金」「国民年金基金」「後期高齢者医療保険」
「厚生年金」「小規模企業共済」を控除した後の金額としています。

(8) 【個人開業医】【医療法人】

自由診療割合は10%としています。

◆ 個人開業医が医療法人化すると以下のように税金や可処分所得、内部留保は変化します。

【院長➡理事長】

• 院長は個人開業医から医療法人の理事長となり、給与所得者となります。

• 個人開業医時代

　課税所得金額：42,529,000円　税金総合計：18,995,000円

　課税所得金額に対し5%～55%まで段階的に累進税率が適用されます。

　1,800万円以上4,000万円未満の部分は50%、4,000万円以上は55%と高率の累進税率が適用されます。

　可処分所得：24,944,840円

• 医療法人成り後

　理事長役員報酬年額：3,000万円と仮定すると、税金は10,176,200円。

　給与所得控除額：195万円（非課税枠）、所得金額調整控除額：15万円

• 法人化の効果

　法人化により理事長個人の節税額は▲8,818,800円となります。

　可処分所得は18,288,100円となり、個人時代より、6,656,740円少なくなります。つまり、**理事長の財布は軽くなる**のです。

【専従者➡理事】（専従者と理事の違いは **4** 参照）

• 専従者給与を600万円と仮定すると、税金は751,300円

　給与所得控除額：164万円（非課税枠）

• 専従者可処分所得：5,248,700円

• 法人化後、役員報酬（理事）年額を960万円と仮定すると、税金は1,501,300円

　専従者から理事になり報酬が増加したため75万円税金が増加します。

• 可処分所得：7,385,000円で、専従者時代より2,136,300円増加します。

【医療法人】

- 法人化後、医療法人所得金額10,972,600円　税金：2,337,500円

  比例税率が適用されており、所得に対する税率は平均21.3%ほどとなっています。

- 医療法人内部留保：8,635,100円

  これが設備投資や**役員退職金の原資**となります。

【総括】

- **医療法人化**により税金は5,731,300円減っています（**節税効果**）。

- 医療法人化により医療法人の留保金額と役員2人の可処分所得の合計は4,114,660円増加しています。節税額と一致しないのは、社会保険料の負担が増加したためです。

- 理事長と理事の可処分所得は2人合わせて4,520,440円（－6,656,740円＋2,136,300円）減少しています。理事長の財布は軽くなっています。配偶者の財布は重くなっています。医療法人化して所得を分散すれば、節税効果が生まれます。しかし、各々の財布に残る金額は変化します。

  特に理事長の可処分所得は減少しますので、**住宅ローンの返済**、**教育費**及び**生活費**の負担などを**誰の財布で賄うか**を決める必要があります。例えば、夫名義の住宅の住宅ローンを配偶者が返済すると贈与税の課税対象とされます。しかし、教育費や生活費はどちらの財布から出しても贈与税課税の問題は生じません。

- 医療法人の内部留保は8,635,100円です。

  これは役員退職金の原資で、老後の生活保障です。単純計算で概算ですが10年で8,600万円、20年で1億7,200万円がストックされます。また、医療法人化で厚生年金にも加入します。**老後の備えは主に医療法人の財布で準備する**ことになります。

2 医療法人を赤字にしてはいけない！

　「医療法人成りシミュレーション」では医療法人に1,000万円余りの利益を計上しています。医療法人の税率は自由診療の割合などにより変化しますが、比例税率で30％前後の税率となります。

　これに対して、理事長は超過累進税率（ **1** 参照）の適用を受けます。理事長の課税所得金額は、25,604,000円となっていますが、1,800万円を超える部分には50％の税率が適用されています。

　例えば、以下のパターンで変化のイメージをとらえてください。

パターン1　理事長報酬を1,000万円アップすると

- 医療法人の利益は97万円ほどになり、税金は200万円以上減少します。
- 理事長の課税所得金額は3,560万円となり、税金は500万円ほど増加します。
- 差し引きすると両者で300万円以上の税金増となります。
- 理事長の税金は増えましたが、個人の可処分所得は500万円ほど増えるはずです。税金が高くなっても個人の可処分所得を増やしたいのであれば、このような選択もありでしょう。

パターン2　理事長報酬を2,000万円アップすると

- 医療法人は赤字となります。税金は地方税の均等割り（7万円が最低金額）だけとなり、200万円余り減少します。しかし、内部留保が積み上がらないので、役員退職金の原資が確保できません。赤字ですから、理事長報酬が未払いになります。
- 理事長の課税所得金額は4,560万円となり、税金は1,000万円ほど増加します。

- 名目上の可処分所得は1,000万円ほど増加しますが、赤字のため、理事長報酬の一部が未収入金になる可能性が生じます。

　医療法人が赤字になるくらい役員報酬を引き上げると、役員報酬に適用される累進税率もアップしてグループ全体で税金を多く払うことになります。また、法人に内部留保が積み上がらないので役員退職金の原資が確保できません。**これでは法人化した意味がない**といえます。したがって、**「医療法人を赤字にしてはいけない！」**のです。

　ただし、医療法人の赤字は10年間の繰越控除が可能であるため、単年度だけで判断するのではなく、繰越控除可能な期間内に黒字化しバランスをとれば法人化のメリットを得ることができます。

(注) 条件により数字は様々変化します。当解説は前提条件のもと概算で算定したものです。

4 「専従者給与」VS「役員報酬」

1 専従者給与と役員報酬

　個人開業医で、院長の配偶者が医業に従事している場合には「**青色事業専従者**」となり「給与」の支払を受けます。対して**医療法人**では、理事長の配偶者が医業に従事している場合には「理事」となり「**役員報酬**」の支払を受けます。いずれも税務上「適正額」であれば、所得の分散効果により同族グループ内の税は軽減されます。所得を分散させる仕組みのうえでは「専従者給与」と「役員報酬」は似た位置付けですが、税務上の取扱いはまったく異なります。その点の理解が欠如していると税務調査で痛い目に遭うことになります。

2 専従者給与

(1)「生計一」の親族への給与は原則必要経費にならない

　個人開業医の場合、「生計を一（せいけいをいつ）」にする配偶者やその他の親族（例えば、子）が事業に従事したため、これらの者に給与を支払ってもその給与は原則、必要経費になりません。

　例えば、高校生の子が夏休み期間中、クリニックの掃除を手伝ってくれたので、他の従業員と同様にアルバイト代を時給換算で支払ったとしても必要経費にならないわけです。それはおかしいと憤る方が多いと思いますが、所得税には、「日常の生活の資を共にする親族（これを「生計を一」にする親族といいます。）」を一体として税金計算する考え方が根底にあるので、このようになるのです。他にも、「医療費控除」という有名な所得控除制度がありますが、これは自己又は「自己と生計を一にする親族」の医療費を支払った場

合には、その医療費は自己の確定申告で控除の対象とすることができるというもので、これも生計一の親族は一体という考え方で計算できます。

(注) 所得税で「生計を一」にするとは

日常の生活の資を共にすることをいいます。会社員などが勤務の都合で家族と別居している又は親族が修学、療養などのために別居している場合でも、(イ)生活費、学資金又は療養費などを常に送金しているときや、(ロ)日常の起居を共にしていない親族が、勤務、修学等の余暇には他の親族のもとで起居を共にしているときは、「生計を一にする」ものとして取り扱われます。

(2) 特例としての「専従者給与」の要件

上記(1)の原則に対して、**青色申告者**には一定の要件の下、実際に支払った給与の額を必要経費とする**「青色事業専従者給与の特例」**が設けられています。その要件は、次の4つです。

① 青色事業専従者に支払われた給与であること。
② 「青色事業専従者給与に関する届出書」を納税地の所轄税務署長に提出していること。
③ 届出書に記載されている方法により支払われ、しかもその記載されている金額の範囲内で支払われたものであること。
④ 青色事業専従者給与の額は、労務の対価として相当であると認められる金額であること。

この特例のポイントは下線部分です。まず、**「実際に支払われた給与」**でなければなりません。未払金計上や単に「(借方)専従者給与××／(貸方)事業主借××」と仕訳しただけでは税務調査で否認されるリスクが残ります。院長の事業用口座から専従者名義の預金口座へ給与の手取額を毎月振り込んで「足跡を残す」ことをお勧めします。

〈留意点〉専従者給与の未払について

　　専従者給与の未払については、その原因が資金繰りの悪化など相当の理由に
　　よりたまたま支給時期に支払うことができなかった場合で、帳簿にも記帳さ
　　れ、その後短期間（月末払いを翌月に支払ったなど）で精算されているときは、
　　一時的に未払の状態になったとしても、必要経費に算入できると考えられま
　　す。しかし、長期間未払給与が累積している場合や相当期間未払金が帳簿に
　　残ったままの状態では必要経費算入が否認されるリスクが高まると考えられ
　　ます。

　　また、「届出書」を提出し、その届出書に記載した方法で、記載した金額の
範囲内で支払うことも要件となります。届出書の提出期限は、青色事業専従
者給与額を必要経費に算入しようとする年の3月15日（その年の1月16日
以後に開業した人や新たに専従者がいることとなった人は、その開業の日や
専従者がいることとなった日から2ヶ月以内）までとなります。例えば、令
和6年分から専従者給与を必要経費にしたい場合には、届出期限は令和6年
3月15日までとなります。ただし、令和6年1月16日以後に開業した場合
には、開業日から2ヶ月以内が届出日となります。

　　届出書には、青色事業専従者の氏名、職務の内容、給与の金額、支給期など
を記載することになります（【記載例】参照）。

　　この届出書の提出を失念したり、届出書と実際の状況が相違している場合
には、専従者給与が個人開業医の必要経費とされないため、十分注意が必要
です。また、専従者給与の金額の基準を変更する場合（給与規程を変更する
場合、通常の昇給の枠を超えて給与を増額する場合など）や新たに専従者が
加わった場合には、「青色事業専従者給与に関する変更届出書」を遅滞なく
納税地の所轄税務署長に提出しなければなりません。

　　そして最も重要なことは、支給した給与が、次ページのイ～ハの状況に照
らし「労務の対価として相当であると認められる金額」でなければならない
点です。「不相当に高額な部分」の青色事業専従者給与は必要経費として認
められません。

【記載例】届出書における「青色事業専従者給与」の欄

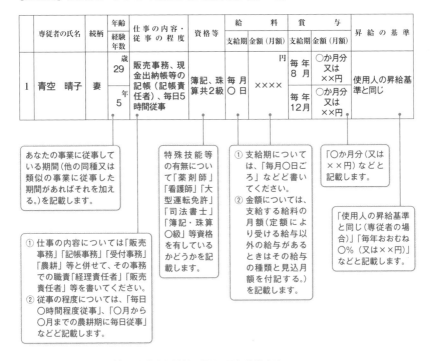

	専従者の氏名	続柄	年齢 経験 年数	仕事の内容・ 従事の程度	資格等	給　料		賞　与		昇　給　の　基　準
						支給期	金額（月額）	支給期	金額（月額）	
1	青空　晴子	妻	歳 29 年 5	販売事務、現金出納帳等の記帳（記帳責任者）、毎日5時間従事	簿記、珠算共2級	毎月○日	円 ××××	毎年 8月 毎年 12月	○か月分又は××円 ○か月分又は××円	使用人の昇給基準と同じ

あなたの事業に従事している期間（他の同種又は類似の事業に従事した期間があればそれを加える。）を記載します。

① 仕事の内容については「販売事務」「記帳事務」「受付事務」「農耕」等と併せて、その事務での職責「経理責任者」「販売責任者」等を書いてください。
② 従事の程度については、「毎日○時間程度従事」、「○月から○月までの農耕期に毎日従事」などど記載します。

特殊技能等の有無について「薬剤師」「看護師」「大型運転免許」「司法書士」「簿記・珠算○級」等資格を有しているかどうかを記載します。

① 支給期については、「毎月○日ごろ」などど書いてください。
② 金額については、支給する給料の月額（定額により受ける給与以外の給与があるときはその給与の種類と見込月額を付記する。）を記載します。

「○か月分（又は××円）」などど記載します。

「使用人の昇給基準と同じ（専従者の場合）」「毎年おおむね○％（又は××円）」などと記載します。

出典：国税庁ホームページ「青色事業専従者給与に関する届出手続」より

▶「労務の対価として相当であると認められる金額」の判断基準

　イ　専従者の労務に従事した期間、労務の性質及びその程度

　ロ　あなたの事業に従事する他の使用人の給与及び同種同規模の事業に従事する者の給与の状況

　ハ　事業の種類・規模及び収益の状況

　税務調査では、調査官は、例えば、専従者が受付事務や経理担当であれば、専従者から受付カウンターなどの現場で日々の業務フローの聞き取りを行い（ここで本当に業務に従事しているかをチェックしている。）、他の同じ仕事をしている使用人との給与比較をすると思います。また、専従者が医師や看護

師、薬剤師などの資格を持って従事している場合でも、様々な証拠から業務に従事しているかの実態を把握し、他の同じ資格を持つ使用人の給与と比較すると思います。

　税務署側も「青色事業専従者給与に関する届出書」の提出の際、届出書に、使用人のうち専従者の仕事と類似する仕事に従事する人や、給与の水準を示す代表的な例を選んで記載することを求めて情報収集しています。また、個人開業医の確定申告書に添付して提出する「所得税青色決算書（一般用）」では、使用人の「給料賃金の内訳」と「専従者給与の内訳」が上下に配列されており、一目で比較ができるように配置もされており、これも調査時の判断材料にされると思います。

【参考】所得税青色決算書（一般用）の配置

　同じ職場に専従者の仕事と類似する仕事に従事する人がいない場合には、他の同規模の個人開業医に従事する使用人の給与を参考にして、相当か不相当かの判断をすることになります。

他者と比較して専従者給与が高額な場合には、調査官は「院長の配偶者だからお手盛りで高額な給与の支払をしているのではないか」という疑いの目で厳しくチェックしてきます。専従者本人が仕事の内容についてほとんど説明できない場合には、勤務実態そのものが疑われます。そのため、日頃から様々な「証拠」を揃えて、専従者本人が仕事の内容や重要性（給与が高額な理由）を説明できるように準備しておくことが求められます。

▶ **高額な専従者給与の説明と証拠例**

看護師資格を持つ配偶者が看護師業務の他に診療時間外、経理・給与計算など事務処理を行っている。そのため「看護師給＋事務員給」に匹敵する専従者給与が支払われている。
➡ 看護師業務については日報・シフト表やタイムカードを証拠書類とし、経理・給与計算については、会計ソフトや給与計算ソフトを入れたパソコンのログイン記録や税理士事務所、社会保険労務士事務所へのメール送受信記録を証拠とするなど。

(3) 青色事業専従者とは

青色事業専従者になれるのは次の要件のいずれにも該当する人です。

イ　青色申告者と生計を<u>一</u>にする配偶者その他の親族であること。
ロ　その年の12月31日現在で年齢が15歳以上であること。
ハ　その年を通じて6月を超える期間（一定の場合には事業に従事することができる期間の2分の1を超える期間）、その青色申告者の営む事業に<u>専ら従事</u>していること。

　ポイントは事業に**「専ら従事」**しているという点です。個人開業医の青色事業専従者に該当するためには、常勤職員として他の使用人と同様に診療所で専ら勤務しなければなりません。専従者が非常勤ということはあり得ません。自宅で月に2〜3日経理帳簿をつけるだけの仕事内容では要件を満たさないことになります。また、15歳以上であっても学業に専念することが必要な大学生・高校生は、原則として専従者にはなれません。青色事業専従者

が妊娠・出産したことに伴い休業した場合や病気などで入院して事業に従事できなかった場合も「専ら従事」とはなりません。さらには、医師資格を持つ配偶者が常勤で他の医療機関に勤務していて、休日は週に1日程度、個人開業医の診療所で診察する場合も青色事業専従者の要件は充足しないことになります。

▶ **非常勤医師は専従者には該当しない！**

配偶者（妻）が個人開業医として経営している診療所で、病院勤務医である夫（医師）が、勤務医の休日である毎週土曜日だけ非常勤医師として診察している。
➡ 非常勤医師である夫は青色事業専従者の要件を満たさないため、金額が適正な給与であっても必要経費に算入することはできない。

（4）青色事業専従者に退職金は払えるのか

　青色事業専従者の退職に際し、個人開業医が退職金を払っても必要経費に算入することはできません。必要経費となるのは「給与」だけです。ただし、青色事業専従者を共同事業者として小規模企業共済に加入させ、自らの資金で退職金の準備をすることはできます。

◤3　役員（理事）報酬

（1）役員報酬を決める手順

　医療法人が役員報酬を決定する場合には、定款に記載がある場合を除いて「社員総会」でこれを決議します。通常は定款には記載がないため社員総会で決議します。ただ、社員総会では役員報酬の総額のみを決め、各役員の個別の報酬額は理事会決議で決定することも可能です。実務上は「**社員総会で総額**」を決め、「**理事会で各役員の個別報酬**」を決める場合が多いと思います。理事長の配偶者への理事報酬もこの手順で決議され、議事録に記録が残ります。税務調査では、これら議事録の提示を求められ、各役員の報酬金額を決

めた経緯や理事の職務などが質問されます。

(2) 損金算入が認められる役員給与とは

法人税の計算上、損金（経費）算入が認められる役員給与は、「定期同額給与」「事前確定届出給与」「業績連動給与」の３つです。ただし、業績連動給与は医療法人の性格に馴染まないため、主には定期同額給与と事前確定届出給与の２種類とされています。

(3) 定期同額給与

定期同額給与とは次の要件を満たす役員給与をいいます。

- 〈定期〉支給時期が１ヶ月以下の一定期間ごとであり
   かつ
- 〈同額〉各支給時期における支給額が同額であること

【例示】

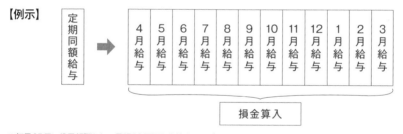

※毎月25日に役員報酬として月額80万円を支給するなど。

例えば、社員総会で役員報酬の総額は4,000万円の範囲内と決議し、理事会で理事長報酬月額250万円、理事（配偶者）報酬月額80万円と決議して、定期に同額を支給し続けた場合は、それが適正額であれば損金算入が認められる役員給与となります。

報酬額の変更をする場合は、会計期間の開始の日から３ヶ月を経過する日までに行わなくてはなりません。

例えば、３月決算法人で４月が会計年度開始の医療法人の場合には６月が

変更期限となります。それ以外の時期に定期同額給与を変更すると、業績悪化による特別事由に該当する場合などを除いて損金不算入となりますので、定期同額給与の改定は原則、「**1年に1度、決算から3ヶ月以内**」と記憶してください。

(4) 事前確定届出給与

　事前確定届出給与とは、役員に対し所定の時期に確定した金銭等を支払うことを所轄税務署に事前に届け出て、その届出書に沿って支給する給与がこれに該当します。

　税務署への事前届出は「社員総会の決議から1ヶ月を経過する日」又は「会計期間の開始の日から4ヶ月を経過する日」のいずれか早い日が期限となります。

　事前確定届出給与のイメージは、使用人に対して支払う夏・冬のボーナスを役員にも払いたい場合に、事前に税務署に支給額を届出すればそれが損金になるとたとえれば、わかりやすいと思います。

【例示1】「定期同額給与」と「事前確定届出給与」を併せて支給する場合

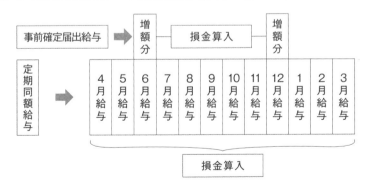

　ただし、事前確定届出給与の場合、金額の過大・過少にかかわらず事前の届出額と実際の支給額が異なった場合や支給日が支給予定日と異なった場合には、支給額の全額が損金不算入となりますので注意が必要です。

(5)「不相当に高額」な役員給与は「往復びんた！」になる

　定期同額給与や事前確定届出給与に該当しても、それが **「不相当に高額」** な役員給与となれば **損金不算入** とされます（経費にならない）。例えば、役員報酬が定期同額で月額100万円払われていたが、税務調査で10万円部分が不相当に高額であると認定された場合には、1年当たり120万円（10万円×12ヶ月）が損金不算入とされます。損金不算入部分の120万円に対しては法人税が課税されます（税率30％の場合、36万円）。プラス延滞税、加算税の負担も生じます。

　ただし、役員に対する給与所得課税は年間1,200万円（100万円×12ヶ月）のままです（不相当に高額な部分も個人の税金は課税されたままです。）。つまり「120万円部分」には「医療法人も課税され、かつ、役員個人も課税される」ことになり、税金の「往復びんた」を受けた状態となります。これは何としても避けねばなりません。

　なお、損金不算入部分の給与を法人に返還する必要はありません。

(6)「不相当に高額」か否かの判定

　役員報酬が不相当に高額か否かの判定は、役員給与の支給額や算定方法が医療法人の社員総会や理事会の決議に沿っているかを形式で確認する **「形式基準」** と、下記の項目をもとに実質をみて判定する **「実質基準」** の2つがあり、税務調査では両方がチェックされます。

▶ **実質基準の判定項目**

- 役員の職務の内容
- 医療法人の収益
- 使用人に対する給与の支給状況
- 他の医療法人で事業規模が類似するものの役員給与の支給状況など

税務調査では、形式基準は、社員総会・理事会の議事録を事実に基づいて整備すればクリアできます。

　ポイントは実質基準です。特に、「**他の医療法人で事業規模が類似するものの役員給与の支給状況**」と比較して、当法人の役員報酬が不相当に高額か否かを判定するという点が税務調査で問題となります。医療法人側では、事業規模が類似する他の医療法人の役員給与の支給状況など知る由もありません。しかし、課税当局は税務署間で情報交換して調べることができます。その調べに基づき過大報酬の認定ができるわけですから、納税者にとってはたまったものではありません。この点はまったく納得がいきませんが、法人税法ではこのように規定されており、報酬額で争いになった裁判でもこの考え方が活かされて判決が下され、納税者が敗訴した事例もあります。

　ところで、医療法人の理事は役員としての職責をまっとうすればよく、個人開業医の青色事業専従者のように「専ら従事（常勤職員として他の使用人と同様に診療所で勤務すること）」することは税法上、要求されません。しかし、実質基準においては「役員の職務の内容」が判断基準となっていますので、常勤役員か非常勤役員かで報酬の金額は変わってきます。また、医療系の資格を持つ理事が資格を活かした職務を行う場合には、報酬額が高額となる場合もあり得ます。さらには、「医療法人の収益」も関係しますので、毎期毎期赤字続きというのでは高額な役員報酬の支給はかないません。そして、「使用人に対する給与の支給状況」も勘案するため、仕事の内容と分量に応じて役員報酬と使用人給与のバランスをみることも必要となります。これらをもとに過大報酬か否かを判断することになります。

（7）役員報酬はいくらまでとれるのか

　それではいったい役員報酬はいくらまでとれるのでしょうか。よく質問をいただく難問です。

　一人医師医療法人の場合、「理事長＝院長＝医師」という状況で、その医

療法人の医業収益は理事長が稼ぎ出します。稼ぎ出した収益に沿って理事長報酬を決めていれば税務調査で調査官から「不相当に高額」などと指摘されることはほぼないと思います。もちろん、複数の医師が勤務するなどチームプレーで医業収益を稼ぎ出している場合には、バランスに配慮する必要があります。税務調査で過大報酬の問題が生じやすいのは理事長の配偶者など親族への役員報酬です。税務調査官は「お手盛りで親族の役員報酬を決めている可能性がある」という視点で税務調査を行うことは多いため、慎重に決める必要があります。

　具体的には、配偶者等が医療関係の資格を有しているか（医師、歯科医師、看護師、薬剤師など）、常勤か非常勤か、現場（診療所）での仕事の内容は何か（事務長、看護師長、薬局長、それ以外）、現場（診療所）へはどのくらい出勤するかなどを勘案して決定することになります。もちろん、口先だけでは通用しないため、勤務の裏付けとなるエビデンスを準備・保管する必要もあります。

(8) 医療法人の役員には役員退職金が払える

　医療法人の役員は、勤続年数等に応じて役員退職金の支給を受けることができます。医療法人が支払った役員退職金で税務上「適正額」とされるものは損金（経費）となります。また、退職金を受け取った役員には次の3つの恩典があります。

① 　退職所得控除額の控除
② 　2分の1課税
　　※特定役員等（勤続年数5年以下の一定の法人役員等をいいます。）に該当した場合には2分の1課税の適用を受けられません。
③ 　分離課税

　なお、役員退職金が適正な退職金であるかどうかは、役員の従事期間（勤続期間）、退職の事情、その医療法人と同規模の医療法人の役員に対する支給状況などを総合勘案して判定することになります（ **9** 参照）。

5 交際費、医療法人より個人開業医が有利?

　個人開業医の院長に医療法人化を勧めると「医療法人は交際費に限度があるのでイヤだ。交際費が青天井で使える個人のほうがいい!」と法人化をためらう方がいます。交際費課税を理由に法人化を躊躇するのは「木を見て森を見ず」だと思いますが、確かに医療法人には「交際費等の損金不算入」制度が適用されます。これに対し、個人開業医にはそのような制度はありません。交際費について、医療法人と個人開業医で比較検討してみます。

1 医療法人が支出した交際費

　交際費の代表例であるゴルフのプレー代を例に、医療法人の規模や持分の有無による取扱いの違いをみてみましょう。

(1) 出資金1億円以下(持分あり)の医療法人
　出資金1億円以下の医療法人の理事長が法人経営に関連してゴルフをプレーし、この代金を交際費として経費で落としました。医療法人が支出した交際費については、税金計算上【図表1】のような歯止めがされています。

【図表1】 交際費等の損金不算入額の計算

区分	支出交際費等		取扱い			
資本金 （出資金） 1億円 以下	法人外の 者への接 待飲食費	1人当たり 5千円以下	損金算入			
		1人当たり 5千円超	50%→損金算入 50%→損金不算入	← 選 択 →	・支出した交際費等 ・800万円× 当期月数/12	少ない 金額を 損金 算入
	その他の交際費等		損金不算入			
1億円超	法人外の 者への接 待飲食費	1人当たり 5千円以下	損金算入			
		1人当たり 5千円超	50%→損金算入 50%→損金不算入			
	その他の交際費等		損金不算入			

（注）　月数は、暦に従って計算し、一月に満たない端数を生じたときは、これを一月とします（措法61の4④）。

　医療法人（持分あり）の大半は**出資金1億円以下の法人**です。その法人が交際費を支出した場合には【**図表1**】のとおり、

① 医療法人外の者（例えば、患者を紹介してくれる近隣の医療機関の経営者など）への接待飲食費で1人当たり5,000円以下の交際費はそのまま損金算入（経費）となります。

② それ以外の交際費も「支出した交際費等」と「年間800万円まで」のいずれか少ない金額は損金算入となります。

つまり、「**年間800万円までの交際費枠**」があるのです。

　個人的見解ですが、出資金が1億円以下の医療法人で「年間800万円までの交際費枠」が経費として認められるのは税務上の配慮としては十分なように思われます（ **1** 参照）。

（2）出資金が1億円超（持分あり）の医療法人

　これに対し、出資金が1億円超の医療法人は、上記（1）①の取扱いは同様ですが、それ以外の交際費はほとんどが「損金不算入」とされ、税金計算上は

経費になりません。大規模法人が支出する交際費については当局の冗費の経費算入は認めないという考え方から、とても厳しい取扱いとなっています。

　ただし、この取扱いは税金計算上の話であって、交際費の支出自体を禁止している訳ではありません。どうしても必要不可欠な交際費を支出することはあるでしょう。

　例えば、出資金2億円の医療法人の理事長が医師会のゴルフコンペに参加して、ゴルフのプレー代10万円を支出した場合はどうなるでしょうか。

　資本金1億円超に該当するため、交際費であるゴルフのプレー代は法人税を計算する際、損金とはなりません。つまり、支出してもいいのですが、税金計算では経費に落ちないということです。その結果、法人の所得に含まれて税金が課税されます。

　経費で落ちない場合と落ちる場合、その支出をしない場合の3パターンで法人の手残りはどう変わるか、事例でみてみましょう。

【事例】

- 医療法人のゴルフのプレー代控除前の課税所得金額は1,000万円。1,000万円はすべてキャッシュで医療法人の財布に残っているものと仮定。
- 法人税率を30%と仮定。
- 追加で理事長のゴルフのプレー代10万円を交際費として支出した。

経費で落ちない場合
(1) 税金：(1,000万円－0)×30％＝300万円
(2) 法人の手残り：1,000万円－10万円（交際費）－300万円（税金）
　　　　　　　　　　　　　　　　　　　　　　＝690万円

経費で落ちる場合
(1) 税金：(1,000万円－10万円)×30％＝297万円
(2) 法人の手残り：1,000万円－10万円（交際費）－297万円（税金）
　　　　　　　　　　　　　　　　　　　　　　＝693万円

ゴルフのプレー代を支出しない場合
(1) 税金：1,000万円×30％＝300万円
(2) 法人の手残り：1,000万円－300万円（税金）＝700万円

▶ ゴルフプレー代の比較

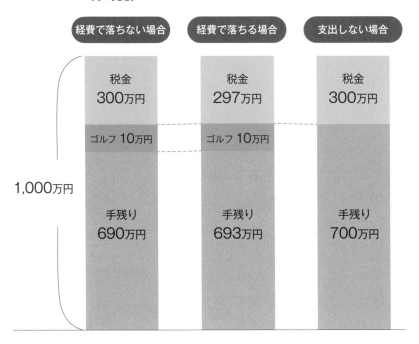

| 経費で落ちない場合 | 経費で落ちる場合 | 支出しない場合 |

1,000万円

経費で落ちない場合：税金 300万円／ゴルフ 10万円／手残り 690万円
経費で落ちる場合：税金 297万円／ゴルフ 10万円／手残り 693万円
支出しない場合：税金 300万円／手残り 700万円

　事例の3つを比較すると、ゴルフのプレー代を支出しない場合が一番法人の手残りは多くなります。経費で落ちる場合は、10万円の交際費が支出されますが、3万円（10万円×30%）税金が安くなるため、693万円が法人の手残りとなります。法人税率分だけ支出が「割引」された格好です。これに対して経費で落ちない場合は、税金は普通に計算されたうえに10万円の交際費が支出されるため手残りが一番少なくなります。この理屈を理解したうえで交際費の使い方を考えなければなりません。

　ところで、税務調査によって、理事長が支出したゴルフのプレー代10万円が法人経営には無関係で、理事長の個人的支出を法人が肩代わりしているとして「役員賞与」認定されると、この10万円は損金不算入（＝法人の経費にはならない）とされ、かつ、理事長に給与所得課税がされるので税金面では次のようにたいへん重い負担となります。

ゴルフのプレー代が交際費ではなく理事長の個人的支出と認定された場合

(1) 医療法人の税金：（1,000万円－0）×30％＝300万円

(2) 法人の手残り：1,000万円－10万円（役員賞与）－300万円（税金）
＝690万円

(3) 役員賞与（理事長）に対する課税（税率を50％と仮定）
10万円×50％＝5万円（理事長が負担する。）

※法人、個人ともに修正申告による附帯税が生じる。

　この事例では、税務調査による修正申告で、法人・個人ともに税金負担が生じますのでいわゆる「往復びんた」状態になります。そのうえ法人、個人ともに修正申告に伴う附帯税が生じることになります。このような事態は絶対に避けなければなりません。交際費の中でも特にゴルフのプレー代や飲食費、贈答費用などは税務調査で重点的にチェックされる項目です。「転ばぬ先の杖」として証拠資料である領収書を必ず保管し、相手先やその内容・必要性をメモし、反面調査がされることも想定したうえで経費計上することが望まれます。

（3）「持分なし」医療法人は注意が必要

　平成19年4月1日からは新規設立ができるのは、基金拠出型医療法人や社会医療法人といった「持分なし」の医療法人のみです。例えば、持分なし医療法人の場合には、【図表2】により計算した金額を資本金（出資金）とみなして、【図表1】の交際費の課税措置が適用されます。

【図表2】

区分	資本金とみなす金額
持分なし医療法人 （社会医療法人を除く）	期末貸借対照表上（確定決算上）の次の算式で計算した金額 （Sとする。） $$\left\{ \left(\begin{array}{c} \text{総資産の} \\ \text{帳簿価額} \end{array} \right) - \left(\begin{array}{c} \text{総負債の} \\ \text{帳簿価額} \end{array} \right) - \left(\begin{array}{c} \text{当期利益} \\ \text{（又は当期損失）} \end{array} \right) \right\} \times 60\%$$
社会医療法人	$$(S) \times \dfrac{\text{収益事業に係る資産の時価}}{\text{期末総資産の時価}}$$

　持分なし医療法人の設立後相当期間が経過し、かつ、利益を積み上げ続けていると資本金（出資金）とみなす金額が1億円を超えるケースもあります。その場合には「交際費枠がかなり制限される（39ページ【図表1】参照）」ということになりますので、十分留意する必要があります。

　また近年、事業承継の選択肢の一つとして「持分あり」から「持分なし」へ移行する医療法人があります。移行後は【図表2】の資本金（出資金）とみなす金額が1億円を超えているか否かの判定を必ず行い、交際費課税の適用を確認する必要があります。

2　個人開業医が支出した交際費

　個人開業医は所得税法の規定に沿って税金を計算します。所得税法には法人税計算における「交際費の損金不算入」制度はありません。それでは、個人開業医が支出した交際費はすべて「青天井」で自由に経費計上できるのでしょうか。

　所得税法では「個人開業医のある支出が必要経費として控除されるためには、それが事業所得と**直接の関連**をもち、**事業の遂行上必要な費用**でなければならない。」とされています。この判断は難しく、時に法廷等で争われるこ

ともあるのですが、つまりは「収入に直接結びつく支出」だけが必要経費になるという取扱いです。

　そのため法人税に比べると、必要経費として認められる範囲が狭くなります。

　また、必要経費から除外される支出として、「家事費」と「家事関連費」と呼ばれる支出があります。

　「家事費」とは100％経費性のない支出のことで、代表例は生活費や教育費が該当します。「家事関連費」とは家事費と必要経費の両方の性質を持っている支出を指し、以下の場合には**業務遂行上必要である部分については税金計算上必要経費に算入**されます。

▶ **家事関連費のうち必要経費とされる部分**

- 家事関連費の<u>主たる部分が業務の遂行上必要</u>であり、かつ、<u>必要である部分を区分できる場合</u>
- 家事関連費のうち、<u>業務の遂行上直接必要であったことが明らかにされる場合</u>

　例えば、個人開業医が1階部分を診療所とし、2階部分を自宅とした「診療所兼自宅」で開業したとします。この不動産に対する固定資産税は全体にかかるものですから、家事関連費に該当します。そのうち診療所部分（通常は床面積按分で診療所部分の経費割合を算出します。）は必要経費として税金計算上控除されることになります。

2階
自宅

●×医院

1階
診療所

診療所兼自宅

固定資産税は、通常床面積按分で診療所部分の経費割合を算出して、その部分を必要経費とする。

これを交際費に置き換えるとどうなるでしょうか。

個人開業医が支出したゴルフのプレー代を例にこれが必要経費に該当するのか否かを検討してみます。

必要経費に該当するためには事業所得に直接関連を持ち、事業遂行上必要なものでなくてはなりません。また、100％経費ではないがその一部が必要経費となる「家事関連費」の可能性もあります。それに該当するためには、44ページの要件を満たす必要があります。これらに該当しなければ「家事費」として100％経費性のない支出となります。

ゴルフのプレー代

【必要経費に該当するかどうか】
事業所得に直接関連を持ち、事業遂行上必要なものか？

【家事関連費の場合】
① 主たる部分が業務の遂行上必要であり、必要である部分を区分できるか？
② 業務の遂行上直接必要であったことが明らかか？

具体的に税務署と個人開業医で争った事例を紹介します。

▶ 個人開業医のゴルフプレー代等の必要経費否認事例（平成30年6月19日裁決）

個人開業医の主張	各年において支出したゴルフプレー代やゴルフコンペ代（本件各ゴルフプレー代等）は、その事業の関係者と情報交換等を行っている、また、ゴルフコンペは開業記念として開催したもので（医業の）収入金額の増加につながる等から、いずれも家事関連費に該当し、これらの支払代金のうち事業の遂行上必要である部分を明らかにできる50%分は事業所得の金額の計算上必要経費に算入することができるものである。
税務当局の主張	ゴルフプレーのほとんどが事業の非営業日（休診日）に（個人開業医が）会員権を所有するゴルフ場において頻繁に行われており、ゴルフコンペの参加者は事業の関係者以外の（個人開業医）と日常的にゴルフを行っている者が多数含まれている。また、事業の関係者との情報交換等はゴルフプレー等をしなければできない性質のものではないため、ゴルフプレー代は客観的にみて（個人開業医）の趣味又は娯楽の一環として支出されたものと評価するのが相当であり本件ゴルフプレー代等は家事費に該当する。

この案件では税務当局の主張が認められ、ゴルフのプレー代等は必要経費否認とされました。実務的には様々な要因が絡みますから一概にこの事例のとおりとはいえませんが、**個人開業医の支出する交際費が必要経費となるためには事業との直接関連性が必要**となります。

税務調査では交際費についてこの点が厳しくチェックされますので、事業との直接関連性を証明できる証拠を残すことを日頃より心掛けておくことが重要となります。

この点は事業を行うことが目的で設立された医療法人の税務調査とは明らかに温度差が感じられる部分といえます。

3　交際費が否認された場合（医療法人 vs 個人開業医）

交際費10万円が税務調査で否認されて、オーナーの個人的支出だとされた場合、通常は医療法人では「役員賞与」と扱われ、医療法人に3万円（10万円×法人税率30％と仮定）の課税がされ、役員個人に賞与分の課税5万円（10万円×累進税率50％と仮定）がされます（ 4 参照）。つまり「往復びんた」状態です。

これに対し、個人開業医は必要経費が10万円減るだけですので、5万円（累進税率50％と仮定）の税金が増加するのみです。

このように交際費が個人的支出に当たるとして否認された場合の医療法人と個人開業医の取扱いの違いにも留意が必要となります。

(注)いずれの場合も修正申告に際しては延滞税、加算税が賦課されます。

医療法人		個人開業医
役員賞与として3万円課税 （10万円×法人税率30％） 役員個人　5万円課税 （10万円×累進税率50％）	交際費10万円が 否認された場合	必要経費　10万円減 5万円課税 （10万円×累進課税50％）
延滞税、加算税賦課	修正申告	延滞税、加算税賦課

6 有床診療所は木造建築とするべし！

1 「造り」により耐用年数が異なる

　病院や介護老人保健施設、介護医療院として使うため比較的躯体が大きい建物を建築するときは鉄筋コンクリート造がほとんどだと思います。これに対して、無床診療所や有床診療所（以下「有床診」といいます。）の建物は鉄筋コンクリート造の他、金属造や木造と様々でしょう。外観はしゃれたデザインで、内部は看護師や患者の動線などに配慮した機能的なものが好まれるのではないでしょうか。

　ところで、それぞれの造り（構造）によって耐用年数は異なり、減価償却のピッチが変わってくるため、どの造りにするかは経営面と税務面でとても重要なことになります（耐用年数参照）。特に、有床診の建物は設備投資額が比較的大きくなりがちな反面、建物の構造の選択肢は幅広いと思います。私見ですが、有床診こそ木造建築とし、早期に設備投資額の回収を図って、次のフェーズへと経営が機動的に移行できる状況を作るべきだと思います。

▶ 耐用年数【病院用のもの】

構造	耐用年数	償却率※
鉄骨鉄筋コンクリート造又は鉄筋コンクリート造	39年	0.026
れんが造、石造又はブロック造	36年	0.028
金属造（骨格材の肉厚が4ミリメートルを超えるものに限る。）	29年	0.035
金属造（骨格材の肉厚が3ミリメートルを超え4ミリメートル以下のものに限る。）	24年	0.042
金属造（骨格材の肉厚が3ミリメートル以下のものに限る。）	17年	0.059
木造又は合成樹脂造	17年	0.059
木骨モルタル造	15年	0.067

※上記償却率は平成19年4月1日以後に取得したものに適用されるものです。

2 耐用年数による償却ピッチの違い

　有床診の建物を例にして、構造に基づく耐用年数の相違で償却ピッチがどのくらい変化するかを見ていきます。なお、税法上、建物については「定額法」で減価償却費を計算します。

【事例1】　鉄筋コンクリート造 vs 木造（償却費と税金減少額の違い）

有床診療所用の建物を3億円で建築した場合

　減価償却費
- 鉄筋コンクリート造（耐用年数39年、償却率0.026）
　　1年間の減価償却費：3億円×0.026＝780万円（39年間で償却）
- 木造（耐用年数17年、償却率0.059）
　　1年間の減価償却費：3億円×0.059＝1,770万円（17年間で償却）

　鉄筋コンクリート造と比較すると木造は1年間で990万円（1,770万円−780万円）多く減価償却費が計上できます。2倍以上の速さで設備投資額の回収が進むことになります。

　償却による税金の減少額
- 医療法人で法人税率が30％と仮定した場合
　　鉄筋コンクリート造：780万円×30％＝234万円
　　木造：1,770万円×30％＝531万円
- 個人開業医で累進税率50％が適用されると仮定した場合
　　鉄筋コンクリート造：780万円×50％＝390万円
　　木　造：1,770万円×50％＝885万円

　医療法人の税率を30％と仮定すると、木造は鉄筋コンクリート造に比べて1期当たり297万円（531万円−234万円）も納税額が少なくなります。これにより内部留保が厚くなり、次のフェーズへの機動的な移行も可能となります。

個人開業医の場合では、累進税率を50％と仮定すると、木造が1年当たり495万円（885万円－390万円）も納税額が少なくなり、同様の効果が期待できます。

　我が国では、少子高齢社会が進むなか、新型コロナウイルス感染症（covid-19）により2025年を目途とした地域包括ケアシステムの構築に遅れが生じました。

　しかし、コロナ禍でも少子高齢の状況は変わらないため、第8次医療計画（2024年度～2029年度）において都道府県が作成する「医療計画」の記載事項の、いわゆる「5事業（救急医療、災害時における医療、へき地の医療、周産期医療、小児医療（小児救急医療を含む））」に「新興感染症等の感染拡大時における医療」を追加して「6事業」とし、地域包括ケアシステムの整備を進めていくことになりました。

　その際、有床診のうち地域医療を担う役割のものは、病院からの早期退院患者の受け入れ機能や在宅患者等の急変時の受け入れ機能を有することが必要とされてくるでしょう。あわせて高齢化が進展して需要が大きくなる在宅医療の中心的な担い手としての役割も期待されており、医療・介護両分野で重要なポジションを占めることになります。一方で、有床診のなかには分娩を担う産婦人科や整形外科、眼科、泌尿器科といった専門医療を通じて存在感を示すところもあります。いずれも地域医療では必要不可欠な存在ですが、病床数が最大でも19に限られるため大規模な展開は難しいといえます。

　そのため、地域と時代の変化に応じて機動的な経営を実践するべく設備投資を早期に回収し、内部留保を素早く再投資できる経営の構築が必要とされます。有床診を木造で建築すれば耐用年数は17年となり、比較的短期間で設備投資は回収できます。そして、次のフェーズにあった有床診へと衣替え（再投資）して、17年で回収するというこのフローが繰り返されれば、持続して地域医療に貢献し続けられるのではないでしょうか。

3　減価償却費と借入金の元金返済の関係

　例えば、「木造」で3億円の有床診を建築して、その資金3億円をすべて借入金で賄うならば、借入金の返済は17年以下で完結しなければなりません。理由は、建物の経費化が17年で済むからです。

　借入金で設備投資を行った場合、経費化（償却費）のピッチと借入金（元金）の返済ピッチを整合させること（償却期間内に返済を終えること）は経営上必須です。

　借入金の返済方法には「元金均等（毎月の元金返済額が同額）方式」と「元利均等（毎月元金と利息の合計額を同額ずつ返済していく）方式」の2種類があります。両方式では元金の返済ピッチが相違します。この点も理解したうえで設備投資計画を立てる必要があります。

　3億円の有床診を建築して、その資金の3億円をすべて借入金で賄うならば、「木造」建築とし、元金均等方式でローン返済することが望ましいといえます。

【事例2】

「木造」の有床診療所用建物を3億円で建築した。
借入金3億円、返済期間17年、金利1％固定、毎月返済

- 木造（耐用年数17年、償却率0.059）
　　1年間の減価償却費：3億円×0.059＝1,770万円（17年間で償却が終わる）

- 借入金の返済状況
　　（1）元金均等方式
　　　　返済総額3億2,562万5,000円（うち利息2,562万5,000円）

年数	返済額元利計	うち元金	うち利息
1年目	20,566,179 円	17,647,059 円	2,919,120 円
2年目	20,389,707 円	17,647,059 円	2,742,648 円

3年目	20,213,235 円	17,647,059 円	2,566,176 円
4年目	20,036,763 円	17,647,059 円	2,389,704 円
5年目	19,860,295 円	17,647,059 円	2,213,236 円
6年目	19,683,825 円	17,647,059 円	2,036,766 円
7年目	19,507,353 円	17,647,059 円	1,860,294 円
8年目	19,330,881 円	17,647,059 円	1,683,822 円
9年目	19,154,412 円	17,647,059 円	1,507,353 円
10年目	18,977,943 円	17,647,059 円	1,330,884 円
11年目	18,801,471 円	17,647,059 円	1,154,412 円
12年目	18,624,999 円	17,647,059 円	977,940 円
13年目	18,448,528 円	17,647,059 円	801,469 円
14年目	18,272,061 円	17,647,059 円	625,002 円
15年目	18,095,589 円	17,647,059 円	448,530 円
16年目	17,919,117 円	17,647,059 円	272,058 円
17年目	17,742,642 円	17,647,056 円	95,586 円

日本政策金融公庫 「事業資金用返済シミュレーション」にて作成

　建物の費用計上額（償却費）は毎期1,770万円となります。元金均等方式の場合は、元金の毎期返済額は概ね1,764万円と均一です。費用計上ピッチと元金返済ピッチがほぼマッチしている良いパターンといえます。

　　（2）　元利均等方式
　　　　　返済総額3億2,634万6,834円（うち利息2,634万6,834円）

年数	返済額元利計	うち元金	うち利息
1年目	19,196,868 円	16,271,311 円	2,925,557 円
2年目	19,196,868 円	16,434,772 円	2,762,096 円
3年目	19,196,868 円	16,599,874 円	2,596,994 円
4年目	19,196,868 円	16,766,635 円	2,430,233 円
5年目	19,196,868 円	16,935,074 円	2,261,794 円

6年目	19,196,868 円	17,105,202 円	2,091,666 円
7年目	19,196,868 円	17,277,040 円	1,919,828 円
8年目	19,196,868 円	17,450,606 円	1,746,262 円
9年目	19,196,868 円	17,625,913 円	1,570,955 円
10年目	19,196,868 円	17,802,981 円	1,393,887 円
11年目	19,196,868 円	17,981,830 円	1,215,038 円
12年目	19,196,868 円	18,162,475 円	1,034,393 円
13年目	19,196,868 円	18,344,935 円	851,933 円
14年目	19,196,868 円	18,529,228 円	667,640 円
15年目	19,196,868 円	18,715,370 円	481,498 円
16年目	19,196,868 円	18,903,387 円	293,481 円
17年目	19,196,946 円	19,093,367 円	103,579 円

日本政策金融公庫 「事業資金用返済シミュレーション」にて作成

　返済期間17年を通算すると金利1％（固定）の前提では、「元利均等方式」は「元金均等方式」より借入金利息の支払額が721,834円多くなります。しかし、当初は費用計上額（償却費）の1,770万円（毎期）よりも元金返済額が1年目（1,627万円）、2年目（1,643万円）と下回るため、資金繰りがスムーズにいきます。しかし、9年目を境に償却費を上回る元金を返済するため、だんだんと資金繰りがタイトになっていきます。前半の資金繰りがスムーズな期間に内部留保が手厚くなるはずですので、9年目までに、「償却累計額が借入金元金返済額を上回る金額（償却累計額－元金返済額）」を目安に借入金の繰り上げ返済を行えば健全なキャッシュフローが実現でき、かつ強固な経営の維持が可能となるでしょう。

7 税額控除と特別償却

税制に「税額控除」と「特別償却」という優遇措置があります。

どちらも税額を減らせるお得な制度ですが、その本質は異なります。

▼1 税額控除制度

税額から一定額を控除できる制度です。

税額控除制度の一つである中小企業者向けの「賃上げ促進税制」で、概要をつかんでみましょう。

前年度より給与等を増加させた医療法人や個人開業医が一定要件を満たした場合にその増加額の一部を法人税（個人開業医は所得税）から**直接控除**できる制度です。

直接税金を減らす制度のため、医療法人の場合は法人税の20％が控除額の上限とされています。【事例1】で税額控除の計算をイメージしてください。

法人税額が直接減るため減税効果が大きく「増加した給与の一部を税金で直接補てんしてもらう」効果が得られます。また、法人税減税に連動して地方税も減少します。

【事例1】税額控除の計算（医療法人の場合）

- 増加した給与額をもとに計算された税額控除額：300万円
- 控除前の法人税額：1,000万円

　　300万円＞1,000万円×20％＝200万円

　　　　　　　　　　　　　　　➡ **200万円が税額控除額**となる。

　　1,000万円－200万円＝800万円（実際に納める法人税額）

【参考】中小企業者向けの賃上げ促進税制の概要

【適用時期】
- 医療法人：令和6年3月31日までの期間に開始する事業年度
- 個人開業医：令和5年から令和6年までの各年

【適用対象者】
青色申告者である以下の者（注1）
- 出資金が1億円以下の医療法人
- 持分なし医療法人で常時使用する従業員が1,000人以下
- 個人開業医で常時使用する従業員が1,000人以下

【税額控除率と要件】
- 下記の必須要件と追加要件で賃上げ額の40%が最大で控除できます。ただし、法人税額（個人開業医は所得税額）の20%が控除限度となります。

必須要件	追加要件
雇用者全体の給与等支給額が前年度比で2.5%以上増加 ➡ **30%税額控除***	教育訓練費が前年度比で10%以上増加 ➡ **10%税額控除***

＋

or

雇用者全体の給与等支給額が
前年度比で1.5%以上増加
➡ **15%税額控除***

中小企業向けの
詳細情報はこちら

出典：中小企業庁「賃上げに取り組む経営者の皆様へ」案内パンフレットより

(注1)　医療法人で前3事業年度の所得金額の平均額が15億円を超える法人は本特例の対象外となります。

(注2)　教育訓練費には教育訓練を①自ら行う場合の外部講師謝金や外部施設使用料、②他の者に委託する場合の研修委託費、③他の者が行う外部研修に参加する費用などが該当します。

2 特別償却制度

　特別に早く償却できる制度です。

　特別償却制度は設備投資の減価償却について、優遇対象の資産を定めて**費用化を「特別に早く」**してあげましょうという制度です。

　医療機関向けでは「医療用機器の特別償却」と呼ばれる有名な制度があります。この制度は、青色申告書を提出する医療法人や個人開業医が、令和7年3月31日までの間に、新品で一台500万円以上の医療用機器等のうち高度な医療の提供に資するもの又は先進的な一定の対象設備を取得して事業に供した場合に、「取得価額の12％」まで通常の償却費に上乗せして特別償却することが認められるものです。

　【事例2】で特別償却の計算をイメージしてください。特別償却費が120万円ということは、120万円分を特別に早く費用化できるということです。しかし、節税効果は36万円（120万円×30％（仮定の法人税率））しかありません。法人に内部留保として36万円が残る効果はありますが、直接税金が減額される税額控除の効果にはかないません。また、トータルで経費化できる減価償却費の合計額は資産の取得価額が限度（事例2の場合は1,000万円）となります。

【事例2】 特別償却の計算（医療法人の場合）

- 「医療用機器の特別償却」の対象となる機器を1,000万円で取得し、事業に供した。
- 特別償却費は「120万円（＝1,000万円×12％）」まで経費化できる。
- 特別償却の減税効果（利益2,000万円、法人税率30％）
  （特別償却前）法人税額：2,000万円×30％＝600万円
  （特別償却後）法人税額：（2,000万円－120万円）×30％＝564万円
  （減税効果）600万円－564万円＝36万円

【参考】 全身用 CT・MRI への特別償却制度適用の制限

　「医療用機器の特別償却」は平成31年度税制改正時の際、「全身用CT・MRI」(病院で使用する超電導磁石式全身用MR装置など)への適用が制限され、下記の要件を満たした場合に限り特別償却をすることができることとされました。

「買換え」… 　その利用回数が前年実績を一定数上回ること
「新規購入」… 他の病院等と連携して共同利用を行う予定であること(連携先病院・診療所からの紹介患者のために利用予定である場合を含みます。)が外形的に確認できることなど

　この改正が行われたのは、日本のCT・MRI台数が他国と比較して多いことが理由でした。なお、令和3年度税制改正で「診療所」で使用する全身用CT・MRIも病院と同じ制限が加えられ、今日に至っています。
　要件をクリアして全身用CT・MRIを特別償却するときは、その利用回数を示す書類、連携先の病院・診療所と連名で作成した全身用CT・MRIに係る共同利用合意書等を所在地の都道府県に提出し、確認を受ける必要があります。都道府県は、確認したことを証する書類を提出元に返却しなければならないとされています。

3　税額控除と特別償却の選択適用

　設備投資減税には税額控除と特別償却を選択して適用することができるものが多くあります。

　電子カルテシステムや医事会計システムを取得した際には70万円以上の「ソフトウエア」を購入することが一般的です。その場合、そのソフトウエアは「中小企業投資促進税制」の対象とされ、税額控除(取得価額×7%)か特別償却(取得価額×30%)を選択適用することができます。税務申告に際してはどちらが有利かを検討して選択します。

　通常は税額控除が有利になります。しかし、設備投資年度だけみれば特別償却が有利になる場合もあり、将来の業績見通しによっては特別償却を選択する可能性もあります。

【事例3】

医療法人Xが電子カルテシステムを1,000万円で取得した。そのうちソフトウエア（耐用年数5年）の取得価額は600万円である。なお、法人税額は800万円である。

（1）税額控除を選択

600万円×7％＝42万円（法人税額の20％が限度）が税額控除できる。また、それとは別にソフトウエアの取得価額600万円を耐用年数5年（1年当たり120万円）で減価償却費として経費計上できる。

（2）特別償却を選択

600万円×30％＝180万円が特別償却費となる。これによる減税額は180万円×30％（注）＝54万円となる。なお、180万円を特別償却費として早期に経費化できたが、このソフトウエアについては耐用年数5年で減価償却費として経費計上できる総額は600万円である。

(注) 医療法人の場合は法人税率30％ほど。個人開業医の場合は累進税率が適用され最高で55％である。

（3）比較

（1）と（2）を比較するとトータルでは税額控除（42万円の税額控除＋600万円の減価償却費の経費化ができる）が特別償却を選択した場合（600万円の減価償却費の経費化のみ）に比べて有利になる。しかし、設備投資年度だけみれば特別償却が有利になっている。

▶ 5年間トータルで比較

税額控除　42万円の税額控除＋600万円の減価償却費の経費化
　　　　　　• 42万円（税額控除）＋600万円×30％（税率）
　　　　　　　　　　　　　　　　　　　　　　　＝222万円（節税分）
特別償却　600万円（減価償却費の経費化のみ）
　　　　　　• 600万円×30％（税率）＝180万円（節税分）

▶ 設備投資年度で比較

税額控除　42万円（税額控除）＋120万円（減価償却費）×30％（税率）
　　　　　　　　　　　　　　　　　　　　　　　＝78万円（節税分）

特別償却　｛120万円（通常の減価償却費）＋180万円（特別償却）｝
　　　　　　　　　　　　　　　　×30％（税率）＝90万円（節税分）

※単年度だけで比較すると特別償却が有利となる。

　例えば、設備投資年度は一般の医療法人であったものが、来期より社会医療法人に移行するような場合には、一般の医療法人の最終事業年度の税額が目一杯少なくなるように特別償却を選択することが考えられます。

(注) 一般の医療法人は法人税法上、株式会社と同様に「普通法人」とされ「全所得課税」とされる。これに対し、社会医療法人は法人税法上、「公益法人等」とされ「収益事業」だけが課税対象とされる。また、収益事業に当たる医療保険業についても「本来業務（病院、常勤医師等がいる診療所、介護老人保健施設、介護医療院）」に該当するものは非課税とされる。

8 ポルシェで訪問診療したら経費になるか

▸1 「証拠」をもとに「事実」を「認定」させること

「ポルシェで訪問診療したらその車両費は必要経費になりますか？」と問われたことがあります。もちろん、事実として訪問診療にポルシェを使っていれば経費性はあります。税務上は、軽自動車だから経費計上ができて、スポーツカーだからできないという括りではありません。

税務署と車両の経費性をめぐって争いになるのは税務調査の時です。大半の調査官は「スポーツカーは個人的趣味に由来するものであり経費性は低いはず。ましてやポルシェは……」という前提で車両の使用実態を「証拠」に基づいて厳しく、かつ、詳細にチェックすると思います。

これに対して納税者側は、調査官に、実際に事業で使っている「事実」を「証拠」をもとに「認定」させることができるか否かが勝負の分かれ目になります。スポーツカーは趣味・娯楽としての要素が強く嗜好性が高いため「直接証拠」と「間接証拠」をより一層充実させて税務調査に備える必要があると思います。

また、車両は、医療法人と個人開業医で税務上の取扱いに違いがあります。その点の理解も必要になります。

▸2 車両に係る経費は多岐にわたる

車両に係る経費は下記のとおり多岐にわたります。ある車両を経費化した場合には、車両関係費全般も合わせて経費計上します。したがって、税務調査時の事実認定で「経費性が認められない」とされた場合には、修正申告で多額の追徴税額を支払うことになります。この点、注意が必要です。

- 減価償却費
- 自動車税などの租税公課
- ガソリンなどの燃料費
- 駐車場代
- 有料道路の使用料
- 故障した際の修理代や車両に関連する消耗品代
- 保険料、車検代　など

▎3　個人開業医の場合

　個人開業医がポルシェで訪問診療を行っていれば確定申告でその車両に係る費用を必要経費に計上できます。ただし、そのポルシェを家事（プライベート）でも使用する場合には、家事使用部分の経費を「自己否認」して必要経費から外す処理が必要になります。具体的には、その**車両の「事業供用割合」を「合理的な基準」に基づき算定**し、車両に係る費用にその割合を乗じて経費に計上する金額を決めます。それ以外は家事使用部分にあたるとして生活費の一部という処理をします。

> 車両に係る費用 × 事業供用割合（合理的基準） ＝ 必要経費となる金額

　事業供用割合を算定する合理的な基準とは何か。難しいところです。様々な基準が考えられますが、一案として「走行距離」を基準に事業供用割合を算定するのはどうでしょうか。車両のメーターパネル付近に数字が表示されますので、証拠能力に優れ、客観性があり、誤魔化すことができません。例えば、以下の方法で「事業上」の走行距離を把握し、これが全体の走行距離に占める割合を算出して事業供用割合を決めることも合理的な方法の一つと考えます。

- 運行記録を記し、走行距離を把握する。
- 診療所と訪問診療先の距離を道順、地図等から合理的に計算して走行距離を算定する。

税務調査では「証拠」に基づく「事実認定」がすべてと言っても過言ではありません。特に趣味・娯楽としての要素が強く嗜好性が高いスポーツカーを個人開業医が経費化するのであれば、裁判で争っても勝てる「証拠」が求められます。日頃からの積み重ねで証拠を揃える必要があります。ドライブレコーダーや車載監視カメラ、ETCなどの記録も直接証拠となるでしょうし、訪問診療先の患者や従業員の証言なども証拠となりえると思います。

▼ 4　医療法人の場合

訪問診療を医療法人の医師がポルシェで行う場合、まず、経費化にあたってはポルシェの名義を医療法人にすることが必要だと思います。所有者は車検証をみれば一目瞭然です。名義が医療法人であれば、その車両は医療法人のものであり社用車となります。社用車に係る経費は100％必要経費（法人の場合は損金といいます）になります。

社用車で税務上問題となるのは医療法人の役員がプライベートで社用車を使った場合の取扱いです。この点について筆者は、**プライベートで社用車を使った分の「使用料」を役員が医療法人に支払う**ようアドバイスしています。**使用料の額は「合理的な基準」に基づき決める**必要があります。そうでないと税務調査の際、役員に対して経済的利益の供与があったと認定され、通常は「役員賞与」として役員個人に給与所得課税がされます。役員は高額所得者が多いため追徴税額は多額になるでしょう。また、医療法人側では役員賞与は経費計上できません。個人・法人ともに課税されるため「往復びんた」となります。医療法上では「剰余金の配当禁止」規定に抵触するおそれもでてきます。

合理的な基準をどのように導き出すか。筆者は一案として、「レンタカー事業者」と同様の基準で使用料の算定をしてはどうかとアドバイスしています。レンタカー事業者と同様であれば客観的に合理性が担保できると思い

ます。レンタカー市場では、ポルシェだけでなくアストンマーティンやフェラーリ、メルセデスAMGなど様々な高級外車がレンタルの対象とされているようです。

　それ以外の方法としては、社用車に係る経費の全部を合計して法人が負担するコストを算定し、これを個人開業医と同様に事業供用割合とプライベート使用分での割合で按分して使用料を決める方法などが考えられます。

　医療法人の事例ではありませんが、会社が取得した船舶（プレジャーボート）と高級外車（フェラーリ）について、それが役員賞与に該当するか否かで税務当局と会社で争われた事例があります。参考になるので紹介します。

【参考】船舶（プレジャーボート）と高級外車（フェラーリ）の争いについて
（平成7年10月12日 非公開裁決）

〈事案の概要〉
消費者金融業を営む甲社は資金調達先の金融機関の役員接待や従業員の福利厚生目的で船舶（プレジャーモーターボート）を取得した。また、役員の通勤・出張の交通手段として高級外車（フェラーリ）を取得した。これらを会社の資産として計上し減価償却費を費用に計上していた。税務調査で税務当局は、これらの資産は事業の必要上取得したものではなく、同族会社の役員の個人的趣味で取得したものと認められるため、これらの資産は個人資産であり、これらの資産の取得代金を「役員賞与」と認定して課税処分を行った。甲社は、この処分を不服として国税不服審判所に審査請求した。

〈審判所の判断〉
1　船舶（プレジャーモーターボート）について
- 請求人（甲社）は、従業員の福利厚生の一環として本件船舶（プレジャーモーターボート）を使用した旨主張するが、本件船舶については運行事績の記録はなく、また、従業員の福利厚生用資産としての船舶利用規定等の定めもないことから、全従業員が公平に使用できる状況にあるとは認められないから、本件船舶が事業の用に供されたと認めることはできない。
- 本件船舶は代表取締役会長個人の用に供する目的をもって購入されたものとみるのが相当であり、その維持管理費用及び減価償却費を損金の額に算入する行為を容認した場合には法人税の負担を不当に減少させる結果にな

ることは明らかであり、減価償却費を損金の額から減算したことは相当であり、また、船舶の取得のために支出した金員については、個人に対し臨時的に経済的利益を供与したことになることから、代表取締役会長に対する賞与と認定した原処分は相当である。

2 高級外車（フェラーリ）について

● 請求人（甲社）は、本件車両については、代表取締役社長が通勤及び支店へ出張する際の交通手段として使用する旨主張するので、社長の出張旅費の支給実績を検討したところ、交通費は支給されていない事実が認められる。原処分庁は、本件車両は事業の用に供された実績が明らかでなく、イタリア製の高級スポーツカーで一般社会常識から見ても個人的趣味の範囲内のものであり、同族会社ゆえにできる行為であると主張するが、そうであるとしても、現実に請求人の事業の用に使用されていることが推認できる以上は、原処分庁（課税当局）の主張を採用することはできず、また、代表取締役社長が請求人とは別に外国製の車両3台を個人的に所有しており、請求人の減価償却資産としていないことを併せ考えると、請求人が本件車両を資産として計上していることを不相当とする理由は認められず、本件車両に係る減価償却費等を損金の額から減算した原処分及び本件車両の取得費等を役員賞与と認定した原処分は、いずれも取り消すのが相当である。

　この裁決では、船舶（プレジャーモーターボート）について納税者の主張は退けられ課税当局が「役員賞与」と認定した課税処分は相当とされています。これに対し、高級外車（フェラーリ）の取扱いは納税者の主張を認めて役員賞与認定を取り消すのが相当としています。ポイントは、裁決の本文に書かれているのですが、通勤などの走行距離が車検を受けるまでの3年間に、7,598キロメートルであることや、別途通勤費の支給もしておらず、個人では外国製の車両（ロールスロイスやベンツなど）を3台所有しており、これらは使用する役員自身が運転していて経費計上していないことなどの**証拠に基づく事実認定により「現実に請求人の事業の用に使用されていることが推認できる」**点となります。それにより「主として使用する代表取締役社長の個人的趣味によって選定された外国製のスポーツカータイプの乗用車であるとしても役員賞与と認定することは相当ではない」と結論付けています。

5 通勤用車両の留意点

　多くの個人開業医や医療法人が院長やその親族の**通勤用車両**を所有しています。この通勤用車両に係る経費を必要経費に計上する場合の留意点は上記に記述した内容と相違ありません。

　個人開業医の場合は、「事業供用割合」と「家事使用割合」を合理的に算出して必要経費算入額を決める点がポイントになります。税務調査では、この割合を客観的な「証拠」に基づき算出しているか否かで勝敗が決まります。

　医療法人の場合には、車両が法人名義であれば社用車という位置づけになります。この点がポイントです。それをプライベートで役員が使用する場合には「合理的な基準」により計算した「使用料」の支払いをするのが良いと筆者は考えています。この場合も「証拠」に基づいた合理的基準で計算しているか否かが勝敗の分岐点となります。

　自宅と診療所が離れていて、**車両で通勤**する場合、「**片道のキロ数×2（往復）×年間の診療日数**」という算式で概ね通勤に**必要な走行距離が把握**できます。それを大幅に超えた走行距離がカウントされている場合には、それに対し合理的な説明やプライベートでの使用があれば使用料の精算が必要となります。また、大幅に不足している場合には、「本当に通勤しているのか」という別の視点での疑問が生じます。

　車両については、ドライブレコーダーや車載監視カメラ・ETCなどの記録でその利用状況が推測できます。また、領収書等から給油するガソリンスタンドの位置情報も取得できますし給油量により使用頻度もわかります。これらは十分な証拠となります。日頃より、税務調査を意識して、これら証拠の意味するところを理解する必要があると思います。

9 役員退職金の適正額はいくら?

▌1 役員退職金の限度額を決めた法律などはない

　事業承継問題を抱える医療法人が多くなったせいか理事長など役員から「私の役員退職金はいくらになりますか?」という質問が多く寄せられます。また、「役員退職金には限度がありますよね」「役員退職金の適正額はいくらですか」という問いかけも頻繁にあります。

　しかし、「役員退職金の限度額は○○円です!」と具体的に定めた法律などありません。本来、退職する役員の評価は医療法人の「社員(**27** 参照)」が社員総会を通じて行うものでしょう。社員が理事を選任して経営を任せているわけですから。

　ただし、医療法人の場合、唯一代表権を持つ理事長はほぼ社員兼任です。特に一人医師医療法人では社員と理事は兼任が大半で、これらを同族親族で固めていることが多いと思います。主に同族親族が中心となる社員総会で理事長の退職金を評価するとお手盛りになる可能性は拭えません。仮に、「役員退職金規程」があったとしても、その規程そのものがお手盛りで作成されている可能性もあります。そこで客観的な立場にある税理士など専門家に役員退職金の限度額を質問するのでしょうが、これは超難問です。

　このようなとき、筆者は「一般論ですが、**役員の最終月額報酬×役員としての勤続年数×功績倍率**という算式で計算する方法が広く知られていますね。」とアドバイスします。

　これは「**功績倍率法**」という法人税法上の適正額を判断する際に用いられる手法です。法人税計算では、役員退職金のうち「不相当に高額な部分」は損金(経費)になりません。過去の判例を紐解くと、「**平均功績倍率法**」で求

めた倍率で計算されたところまでの役員退職金は**法人税法上適正**で、それを超えた部分が不相当に高額な退職金に当たるとして課税処分されたものが多くあります。そのため、実務上、税理士は功績倍率法を強く意識しており、ついつい「役員退職金の限度はここまでです！」と言い切る形でアドバイスしがちです。この方法は広く知られているため、これが役員退職金の算定方法だと誤解している方が多いのではないでしょうか。しかし、これは絶対的な方法ではなく、参考となる有力な手法の一つと位置付けられますが、そのルーツは税務にあるのです。

いずれにしろ、役員退職金を「功績倍率法」により算定する方法は馴染みのあるよく知られたものであるというのは事実だと思います。

2 法人税の取扱い

(1) 不相当に高額な部分の判断基準

法人税の計算上、役員退職金に**「不相当に高額な部分」**があれば、その部分は損金に算入されません。つまり経費とはならないのです。例えば、前理事長の役員退職金を社員総会で1億円と決議して損金（経費）に計上したが、税務調査で2,000万円は不相当に高額と認定された場合、2,000万円は損金とならず法人税が課税されます。役員は2,000万円を返金する必要はありません。退職金1億円はそのままです。

したがって、役員の税金は変わりません。税務上は2,000万円部分について医療法人と役員が共に税金を負担しておしまいとされます。

法人税法では、「不相当に高額な部分」は次の4点を総合勘案して算定すると規定されています。

① その役員が医療法人の業務に従事した期間（勤続期間）
② その役員の退職の事情
③ その医療法人と事業規模が類似する他の医療法人の役員退職金の支給状況
④ その他

①の**勤続期間**は、その役員が医療法人の業務に従事した期間を指すため、**個人開業医時代は含まれません。**

問題となるのは③の**「事業規模が類似する他の医療法人の役員退職金の支給状況」**を勘案する点です。これは実務で税理士を悩ませます。なぜかというと、他の医療法人の役員退職金の支給状況などを外部の者が知る由もないからです。実際、税務調査が実施され、調査官が役員退職金のうちに不相当に高額な部分があるのではないかと疑った場合、同じ国税局管内の同規模の医療法人を調べて同様の役員退職金があれば抜き出し、調査対象法人と比較して「不相当に高額」の可否を判断します。これは税務署だから職権でできることです。民間側からすると、**この判断基準はとても理不尽**です。判例では、同規模の同業他社数は３法人程度のピックアップで概ね可とされています。また、「同規模」とは調査対象法人の売上金額と比べて２倍から２分の１に分布する法人が合理的との判断が示されています。

(2) 功績倍率法

功績倍率法は最もポピュラーな役員退職金の計算方法です。算式で示すと次のようになります。

退職時の適正な役員報酬月額　×　勤続年数　×　功績倍率

算式では、「退職時の適正な役員報酬月額」がベースとなります。よく、「退職前に役員報酬を２倍、３倍と上げれば退職金も多くなりますね」と聞かれますが、前提は「適正な」報酬とされています。仮に退職直前に報酬を２倍、３倍とアップした場合には、それが適正な報酬月額なのかという点が争点になりますので留意が必要です。

実務上、「功績倍率」が難問です。理事長の場合「３倍までなら大丈夫」という３倍説が流布されていますが、法的根拠はなく、過去の判例等をもとに広まったものです。参考にはなりますが、絶対ではありません。税務調査で

過大か否かを争うと、税務署側は同規模の医療法人の役員退職金の調査を行い、各々の功績倍率の「平均値」を算定して「それを超える倍率」の部分は「不相当に高額」として損金算入を否認してくる可能性があります。税務調査のタイミングで功績倍率の調査をしますので、その時々で「平均値」は変化します。この平均値に基づく方法は**「平均功績倍率法」**と呼ばれていて、裁判でも「客観的かつ合理的な方法」として判決に広く用いられています。平均功績倍率を超えた部分が不相当に高額となるという恐怖感から皆が倍率を切り下げると平均値は下がっていきます。そのような矛盾を抱えた手法ですが、裁判ではゆるぎない支持がされています。

（3）役員退職金に関する留意点

　理事長かつ院長である医師から「理事長のままで院長職は息子に譲ろうと思う。院長の退職金はいくらになるか？」という質問をいただくことがあります。役員退職金は「役員」を退任した時に受け取れるものです。医療法上、役員とは「理事と監事」です。そして、理事のうち1名が「理事長」となります。院長職は役員概念には含まれません。残念ながら、院長職を譲るだけでは役員退職金の支給対象にはなりません。

　役員退職金は分割支給が可能です。資金繰りの都合で分割払いを検討する場合もあるでしょう。また、キャッシュではなく一部を現物（車両や不動産、絵画、生命保険契約そのものなど）で支給することもできます。その際は現物の「時価」で退職金が払われたという処理をします。例えば、不動産なら不動産鑑定評価で、生命保険契約であれば解約返戻金相当額などで時価を算定することになります。

　「役員退職金規程」を定めていない医療法人も多くありますが、規程がなくても社員総会の決議などを経て退職金の支給は可能です。それが不相当に高額でなければ損金算入もできます。ただし、認定医療法人となる場合には、規程の作成が必須となります。

（4）役員退職金は税務上本当に有利か？

　役員に退職金が支払われると所得税（国税）と個人住民税（地方税）が課税されます。その税金計算では次の3つの軽減適用を受けることができます。

　したがって、総合課税とされる役員報酬に比べて手取額が多くなり、有利といえます。

1 退職所得金額は「半額課税」とされる。

- ｛（退職手当等の金額－退職所得控除額）× $\frac{1}{2}$｝＝退職所得金額
  ※勤続年数5年以下の特定役員は「× $\frac{1}{2}$」ができない。

2 退職所得控除額（非課税枠）が勤続年数に応じて受けられる。

- 勤続年数20年以下の場合
  　40万円×勤続年数（1年未満の端数切上）
- 勤続年数が20年を超える場合
  　800万円＋70万円×（勤続年数－20年）

3 退職所得は「分離課税」とされる（累進税率が緩和される。）。

- 「退職所得の受給に関する申告書」を提出すれば確定申告は不要

　参考までに、役員退職金の税引後手取額（概算）を一覧表【表1】でご確認ください。

【表1】 役員退職金の税引後手取額（概算）

退職金額	勤続年数				
	15年	20年	25年	30年	35年
2,000万円	1,830万円	1,861万円	1,914万円	1,959万円	1,988万円
3,000万円	2,632万円	2,676万円	2,752万円	2,813万円	2,868万円
4,000万円	3,414万円	3,457万円	3,534万円	3,610万円	3,687万円
5,000万円	4,166万円	4,217万円	4,306万円	4,392万円	4,468万円
1億円	7,860万円	7,916万円	8,014万円	8,112万円	8,209万円
2億円	1億5,063万円	1億5,118万円	1億5,216万円	1億5,314万円	1億5,412万円

ところで、理事長などへの役員退職金は医療法人の内部留保が原資となります。内部留保は医療法人が毎期計上した利益から法人税等を差し引いて蓄積されます。これが役員退職金として払われると役員個人に所得税等が課税されます。税金を払う主体は違いますが、内部留保から役員退職金が支払われる過程では法人税等と所得税等が課税されることになります（【図1】参照）。

【図1】法人税等と所得税等の課税イメージ

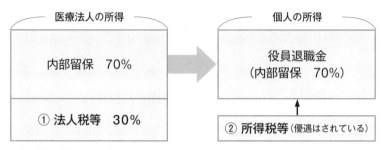

※法人税等の税率を30％と仮定

　一人医師医療法人は個人開業医の法人成りによって設立されたものが大半です。個人開業医のままであれば、累進税率の洗礼を受けて高額な所得税等の支払をしますが、1回の課税で済み、残額はすべて個人に残ります。対して、法人化後は法人税率が適用され、通常は累進税率が緩和されて目先の内部留保は個人時代より多くなります。これは経営上の利点です。しかし、法人の内部留保を役員退職金として支払った際、再度の課税がされる点は理解しておく必要があります。

　この発想は、法人の財布と個人の財布はもともと一つという前提で、法人成りを「入口」、役員退職金の支払時点を「出口」と考えた場合のものです。出口に至るまでには数十年の時間を要し、様々な経営問題に遭遇します。目先、内部留保が多ければ問題解決に使うことができ、リスクマネジメントも手厚くできます。トータルでの法人化のメリット（**2**参照）が変わるものではない点も合わせて理解しておいてください。

3 死亡退職金と弔慰金

役員の死亡を起因に相続人に**死亡退職金**（被相続人の死亡後3年以内に支給が確定したもの）が払われたときは、相続税の計算上、「**500万円×法定相続人の数**」の金額が**非課税**とされます。

また、「**弔慰金**」が相続人に払われた場合には以下の金額が、相続税の計算上、**非課税**とされます。

▶ 非課税となる弔慰金

業務上の死亡	給与×36ヶ月
非業務上の死亡	給与×6ヶ月

4 医療法の取扱い

医療法人は、医療法で**剰余金の配当が禁止**されています。過大な役員退職金は実質的には剰余金の配当であると認定される可能性があり、そうなると医療法に抵触します。医療法での罰則は、理事・監事又は清算人に20万円以下の過料を科すと規定しています。

医療法に適正な役員退職金の計算方法の定めはありません。判断は難しいところですが、法人税で「不相当に高額な部分」があるとして課税処分される場合には、併せてその部分が剰余金の配当と認定される危険性がありますので注意が必要です。

5 解散、第三者承継（M&A）の際の役員退職金

医療法人数の8割以上を占める一人医師医療法人の事業承継が多くなっています。一般的には、子など親族が後継者となり、その医療法人を引き継

ぐことが多いと思われがちですが、近年は、後継者がいなくて医療法人を解散する場合や、いわゆるM&Aで第三者承継することが増えています。

　子など親族が承継するのであれば、先代は、功績倍率法などで税務上の適正な役員退職金を算定し、これを受領した後、運転資金などを法人の預金口座に残し、医療用機器等もそのままで承継を進めるでしょう。しかし、解散する場合や第三者承継するときは、すべてを清算します。その際は、役員退職金の額も柔軟に算定しなければ損をします。

　例えば、基金拠出型医療法人のような「持分なし医療法人」に後継者がいないため法人を解散する場合、基金と役員退職金を支払ってもなお「残余財産」があれば、これは国や地方公共団体、他の持分のない医療法人などに帰属させることになります。また、一人医師医療法人である「持分なし医療法人」を第三者承継する際には役員退職金が承継対価のほとんどを占めることになると思います。このような場合の役員退職金の額の決定は、法人税法や医療法などの取扱いを勘案しつつも柔軟かつ現実的な発想を加味して算定することになるのではないでしょうか。

10 「節税」という言葉に騙されるな

　医療法人や個人の病院・診療所を経営していくには「節税」対策も重要
です。

　しかし、「節税対策により内部留保は減る」ということを理解しないまま
に「節税」という言葉に惑わされて不必要な対策をしているところも少なく
ありません。

　まず、「節税」ありきではなく、その支出が本当に必要かどうかを検討する
必要があります。

　医療法人Aと個人開業医Bの事例をみてみましょう。

1　医療法人Aの場合

　5,000万円の利益が出ている医療法人Aは、節税になるからと説明され
て1,000万円の大規模修繕を行い、これを修繕費として一括費用計上しま
した。この大規模修繕は特に必要なものではなかったのですが、確かに税金
300万円（1,000万円×法人税率30%（仮定））が減る結果になるので、い
わゆる「節税」になります。

▶大規模修繕をした場合

医療法人 A

利益　　　　　　5,000万円（×30%＝1,500万円が税金であった）
大規模修繕費▲1,000万円
利益　　　　　　4,000万円
税金　　　　　　1,200万円（4,000万円×30%）➡ 内部留保2,800万円

しかし、大規模修繕でかかった費用1,000万円は医療法人Aからキャッシュアウトしており、この修繕をしなかった場合に積み上がるはずの内部留保700万円が減少していることになります（修繕を行わない場合は税金300万円を納めるので、1,000万円−300万円＝700万円が内部留保となります。）。

本当に必要な大規模修繕ならばしなければなりませんが、「節税」という言葉に惑わされて無駄な支出をして内部留保を毀損させることは問題です。納税と内部留保の関係を正しく理解する必要があります。

▶ **必要のない大規模修繕をせず、内部留保した場合**

医療法人 A

利益　5,000万円
税金　1,500万円（5,000万円×30%）➡ 内部留保3,500万円

2　個人開業医Bの場合

個人開業医の場合も考え方は同じです。

ただし、個人開業医は累進税率が適用されますので、税率により「割引率」と内部留保額が変わります。

利益が4,000万円以上であれば「55%引（内部留保率45%）」、1,800万円以上4,000万円未満であれば「50%引（内部留保率50%）」となります。

次のページの速算表で割引率をご確認ください。

▶ 所得税・住民税の速算表

課税される所得金額	税率 （所得税＋住民税10%）	控除額
1,000 円から　1,949,000 円まで	15%	0円
1,950,000 円から　3,299,000 円まで	20%	97,500 円
3,300,000 円から　6,949,000 円まで	30%	427,500 円
6,950,000 円から　8,999,000 円まで	33%	636,000 円
9,000,000 円から　17,999,000 円まで	43%	1,536,000 円
18,000,000 円から　39,999,000 円まで	50%	2,796,000 円
40,000,000 円以上	55%	4,796,000 円

割引率

▶ 必要のない大規模修繕をしない場合

【個人開業医 B】

- 課税所得金額 35,000,000 円
- 税金　　　35,000,000 円× 50%＊−2,796,000 円＝ 14,704,000 円
  ＊ 所得税 40％＋個人住民税 10％＝ 50％
  　利益が 4,000 万円未満の場合は、50％引となります。

- 内部留保
  課税所得金額 35,000,000 円−税金 14,704,000 円＝ 20,296,000 円

▶ 必要のない大規模修繕をした場合

【個人開業医 B】

- 課税所得金額 25,000,000 円（35,000,000 円−修繕費 10,000,000 円）
- 税金　　　25,000,000 円×税金 50%− 2,796,000 円＝ 9,704,000 円
  ＊ 所得税 40％＋個人住民税 10％＝ 50％

- 内部留保
  課税所得金額 25,000,000 円−税金 9,704,000 円＝ 15,296,000 円

　大規模修繕しなければ内部留保とすることができた500万円分が減少することになります。

11 「医師優遇税制」とは

1 制度の趣旨は

　税金計算の方法に「医師優遇税制」と呼ばれる制度があります。正式名称は「社会保険診療報酬に係る概算経費の特例計算」というもので、租税特別措置法に規定されています。条文番号が「26条」ですので、略して「措置法26条」と呼ぶ場合もあります。

　昭和29年に導入された制度ですが、今は故人となられた有名な医事評論家から伝え聞いたところでは、この特別措置は、当時大磯にあった吉田茂邸で池田勇人氏と後の日本医師会会長となる武見太郎氏が話し合って制度化したとのことです。現在では、医師及び歯科医師が複雑な税金計算に時間を割くことなく、診療に集中するためにこの制度が設けられているとされています。

2 制度の概要

　この制度を簡単にいうと、年間の社会保険診療報酬の収入金額が5,000万円以下の医師又は歯科医師は、社会保険診療報酬の所得計算で"概算経費"を計上して確定申告することができるというものです。もちろん、「実際にかかった必要経費（実額経費）」が概算経費を上回れば、実額経費を必要経費として確定申告することも可能です。実務上は有利な方を選択します。なお、5,000万円以下という上限があるため、通常は個人開業医が確定申告で使うことが多い制度といえます。

　制度の適否は1年ごとに判定するのですが、年間5,000万円を超える社会保険診療報酬の収入金額を稼ぐ医師・歯科医師はこの制度を使うことはで

きません。また、自由診療収入の所得計算には概算経費特例を使うことはできません。さらには、社会保険診療報酬の収入金額は5,000万円以下だが自由診療収入は相当な金額（例えば1億円）に達する医師・歯科医師が概算経費の特例を活用する不適切な例があることを会計検査院が指摘して制度の改正を求めたため、現在では自由診療収入と合算した"医業収入"が合計で7,000万円を超える場合にも制度の適用対象外となります。

▎3　個人開業医の場合の具体例

　通常の税金計算は所得金額（儲け）を「総収入金額－必要経費」という算式で計算します。本来、この「必要経費」は実際にどれだけの経費がかかったかを細かく計算して実額で求めます。これに対して概算経費とは、実際の必要経費を細かく計算するのではなく、**「1年間の社会保険診療報酬の収入金額×概算経費率」**で経費を計算します。概算経費率は下記のとおり4段階に分かれています。

▶ 4段階の概算経費率

社会保険診療報酬の収入金額	概算経費率
2,500万円以下の部分	72%
2,500万円を超え3,000万円以下の部分	70%
3,000万円を超え4,000万円以下の部分	62%
4,000万円を超え5,000万円以下の部分	57%

　例えば、年間の社会保険診療報酬の収入金額が3,500万円であれば次のように概算経費を計算します。

① 2,500万円×72％＝1,800万円
② （3,000万円－2,500万円）×70％＝350万円
③ （3,500万円－3,000万円）×62％＝310万円
④ 概算経費の額（①＋②＋③）＝<u>2,460万円</u>

この場合、実際にかかった必要経費が実額で1,000万円であっても、2,460万円を必要経費として確定申告できるのです。つまり、年間の社会保険診療報酬の収入金額が5,000万円以下でかつ、自由診療収入を含めた医業収入が7,000万円以下の医師・歯科医師は、実額を超える経費を必要経費として計上できる可能性があるわけです。このことは、**適用を受ける医師・歯科医師が実際の経費を抑えれば抑えるほど概算経費との差額（「措置法差額」といいます。）が多くなり**、税金の額は変わりませんが、**手元により多くのキャッシュを残せて有利になる**ということを意味します。そのため、医師・歯科医師の中には年間の社会保険診療報酬の収入金額を5,000万円以下になるようコントロールして診療する者もいるほどです。

　ちなみに、医師優遇税制が施行された昭和29年から昭和50年代初頭までは一律72%の概算経費率が採用されていました。これは裏を返せば課税対象とされる所得率が28%ということです。現在と比較すると優遇度合が極めて大きいことがわかります。「医師優遇税制」と呼ばれるのも当然だったわけです。

　その後、この制度に対して「不公平な税制だ」という声が相次いだ結果、昭和50年代に5段階の概算経費率となり、平成元年からは現在の4段階の経費率で、かつ、社会保険診療報酬の収入金額が5,000万円以下の医師・歯科医師しか適用できない形に改正されました。今では自由診療も含めた"医業収入"が合計で7,000万円を超える場合にも制度の適用対象外というように改められています。かつてほどの優遇ではなくなり、また、利用する医師・歯科医師が限られてきたことを考えると「医師優遇税制」という呼び名には違和感もあります。

4 医療法人成りの際の活用法

　この税制は要件が合えば医療法人でも使うことができます。しかし、医療法人の場合は大半が社会保険診療報酬の収入金額が5,000万円を超えており、また、役員報酬を経費計上するため実額経費が多額となるので特例を選択する法人は皆無といっても過言ではありません。

　ただし、個人開業医が医療法人成りする際、下記のようにこの制度を活用することができます。これは法人化の際のタックスプランとして検討の余地があるのではないでしょうか。

▶ **医療法人成りする際の概算経費特例の活用法**

　例示

- 社会保険診療報酬の収入金額は年間9,600万円（1ヶ月800万円）
- 自由診療収入はゼロ
- 医療法人の認可が4月中におりたため、6月1日より法人で診療を開始する。
  （個人での診療は5月31日で終了する。）
- 医療法人の会計年度は毎期10月1日〜9月30日である。

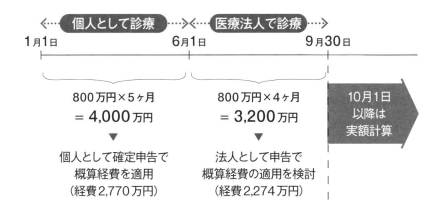

12 「一人医師医療法人」とはどんな法人？

1 一人医師医療法人とは

　一人医師医療法人とは、医師が一人だけで勤務している医療法人ではありません。

　医療法が昭和25年に改正された際、医療法人制度が誕生しました。

　当初は、「病院又は医師若しくは歯科医師が**常時3人以上勤務**する診療所」というように診療所については常勤医師・歯科医師が3人以上の規模に限定して法人化の途を開いていました。

　これが昭和60年12月に医療法人制度に大改正がなされ（昭和61年10月1日施行）、「病院又は医師若しくは歯科医師が**常時勤務**する診療所」の場合にも医療法人化の途が開かれました。

　つまり、常勤の医師・歯科医師が1人や2人の小規模な診療所についても医療法人を設立することができることになったのです。この常勤医師・歯科医師が1人又は2人で診療所を開設している医療法人を通称「一人医師医療法人」といいます。

　「一人医師医療法人」というのはあくまでも通称ですので、医療法上の取扱いは医療法人そのものです。

　昭和60年の医療法改正の趣旨は、従来の個人診療所という一元的経営と違い、法人としての組織的運営を可能とし、また、「医業経営と家計の分離」を明確にすることにより、プライマリ・ケアという重要な役割を中心的に担っていく診療基盤を強化し、設備、機能の充実を図り、「診療所経営の近代化、合理化を図る」ことを目的としたものでした。

　なお、医療法で「医師又は歯科医師が常時勤務する」という場合の「常時」

は、「常勤」の意味であって、定められた診療所の診療時間中に常に勤務するというように解釈されています。

厚生労働省の調べでは、一人医師医療法人は、令和5年3月31日現在、全国で4万7,924法人あり、医療法人総数5万8,005法人に占める割合は82.6%となっています。

2 「医科」と「歯科」による一人医師医療法人の事業承継

一人医師医療法人の医科と歯科の内訳は、令和3年3月31日現在では、総数4万6,761のうち医科が3万6,300、歯科が1万461となっています(厚生労働省の調べ)。ところで、一つの一人医師医療法人で医科と歯科を合わせて経営することも可能です。例えば、以下のようなフローで一人医師医療法人の事業承継を実行することもできます。

▶ 医科と歯科による一人医師医療法人の事業承継フロー

- 父(内科医)が理事長となりA内科診療所(管理者・父)を母体とした一人医師医療法人Xを設立し経営している。
- その後、子(歯科医師)が歯科診療所を開業することとなった。この子を理事に就任させ、B歯科診療所(管理者・子)を一人医師医療法人Xの分院として設置する。
- 父が引退することとなり、役員退職金を受領して理事長を退任し、理事長職を子に承継する。合わせてA内科診療所は廃止し、B歯科診療所を主たる事務所に変更して一人医師医療法人Xの親子間での事業承継を完了する。

上記の事業承継フローでは、A内科診療所とB歯科診療所は同じ場所でも可ですし、別の場所でも可(都道府県が別でも可)となります。

また、一人医師医療法人が「持分あり社団医療法人」で、一定の要件を充足すれば「特定同族会社事業用宅地等」に該当し、相続税対策になる場合もあります(16~17ページ参照)。

13 MS法人

1 MS法人とは

　メディカルサービス法人のことを略して「MS法人」と呼びます。医療法などに正式な定義がある法人ではありません。しかし、厚生労働省の資料などにもMS法人という用語が出てきますので一般的な用語といえます。法人の形態は株式会社（有限会社を含みます。）や一般社団法人などが多いようです。

　MS法人の本来の役割は医業経営を管理することにあり、医療法人や個人開業医を取引先として診療サービス以外の業務を事業として行っています。近年では、訪問看護ステーションや介護事業など幅広く事業展開する例も見受けられます。取引先である医療法人や個人開業医のオーナー一族が株主や役員を占める同族経営形態が多く、本来の経営管理効率を高める狙いの他に節税対策を兼ねて設立された法人もあるようです。

　一般的にMS法人が担う主な業務は次のとおりです。

▶ **MS法人が担う主な業務**

- 医療施設などの不動産賃貸業
- 食堂、売店、自動販売機
- 清掃、給食業務の請負
- 窓口業務、診療報酬の請求業務、給与計算業務、経理業務などの請負
- 医療用機器など動産のリース
- リネンサプライ業務
- 医薬品、診療材料の販売、調剤
- 訪問看護ステーション、グループホーム、介護事業など
- 一般乗用旅客自動車運送業、労働者派遣業
- 経営指導

2 本来の役割

MS法人の本来の役割は医業経営を管理することです。大規模な医療法人グループでは、診療報酬の請求や給与計算業務、医療機関の経理業務などを一元的に請け負って業務の効率化を図ることが可能となります。MS法人を核にした医療機関の経営指導も実施できます。医薬品や診療材料を一括購入することで価格競争力が生まれ、医療法人グループで使う不動産をMS法人が所有して効率的に管理することもできます。また、社会医療法人以外の医療法人は業務制限により不動産賃貸業を営めませんが、MS法人では、例えば、所有する老朽化した看護師寮を転用して健常な高齢者向けの賃貸マンションに転用することも可能となります。さらには、コンビニエンスストアやサプリメントなどの物品販売業も営むことができます。

▶ MS法人の活用例

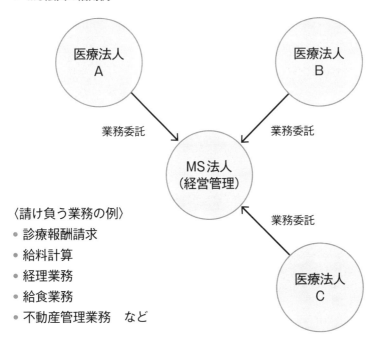

医療法人
A

医療法人
B

業務委託

業務委託

MS法人
（経営管理）

業務委託

医療法人
C

〈請け負う業務の例〉
- 診療報酬請求
- 給料計算
- 経理業務
- 給食業務
- 不動産管理業務　など

3　MS法人取引と配当禁止規定

　医療法人や個人開業医の主な収入源は社会保険診療や公的介護保険からのサービス収入です。これらの主な財源は社会保険料や公費である税金です。そのため、医療法人は非営利法人に位置付けられ、「剰余金の配当禁止」規定がそれを担保しています。その医療法人が営利法人であるMS法人に「過大」な委託費等を支払って所得移転すると「過大部分」は税務面はもとより、医療法の配当禁止規定に抵触します（適正な委託費等については問題ありません。）。そのため、医療法人の経営の透明性を確保する観点で平成27年の第7次医療法改正により、「関係事業者との取引状況に関する報告書（ 30 参照）」が事業報告書等に追加され、都道府県知事への提出が義務化されました。都道府県では報告書に目を光らせ、記載されたMS法人との取引に実質の配当に該当するものはないかを厳しくチェックしています。

4　医療法人とMS法人の役員等の兼務の制限

　医療法人は剰余金の配当が禁止されている非営利法人です。これに対し、MS法人は株式会社などを母体とした営利法人です。非営利と営利の両法人の役員等を兼任することは齟齬を来すため、厚生労働省では次のように兼任を制限する指導をしています。

---

① 個人開業医・医療法人の管理者

- 原則は、個人開業医や医療法人の管理者が経営上利害関係にある MS 法人の役職員を兼務することは不可である。

- 例外として次の場合は兼務を認める。
  - イ）MS 法人との取引が少額である場合
  - ロ）MS 法人から医療機関用の土地・建物を賃借している場合で、MS 法人が小規模のため役職員を第三者に変更することが直ぐには困

難であること、契約内容が妥当であること、医療機関の非営利性に影響を与えることがないことのいずれも満たす場合

② **医療法人の役員**

- 原則は、医療法人の役員が経営上利害関係にある MS 法人の役職員を兼務することは不可である。
- 例外として次の場合は兼務を認める。
  - イ）MS 法人との取引が少額である場合
  - ロ）MS 法人から物品の購入や賃貸、役務の提供を受ける場合で、<u>医療法人の代表者（理事長）でないこと</u>、MS 法人が小規模のため役職員を第三者に変更することが直ぐには困難であること、契約内容が妥当であること、医療機関の非営利性に影響を与えることがないことのいずれも満たす場合
  - ハ）MS 法人から医療法人が必要とする土地・建物を賃借している場合で、MS 法人が小規模のため役職員を第三者に変更することが直ぐには困難であること、契約の内容が妥当であること、医療機関の非営利性に影響を与えることがないことのいずれも満たす場合
  - ニ）株式会社企業再生支援機構法又は株式会社東日本大震災事業者再生支援機構法に基づき支援を受ける場合であって、両機構等から事業の再生に関する専門家の派遣を受ける場合（ただし、開設者である法人の代表者とならないこと。）

（注）アンダーラインは筆者による。

医療法人の理事長はMS法人の役員だけでなく職員も兼務できません。この点は特に留意が必要です。

▶5 MS法人の活用と実務上の留意点

MS法人に求められる本来の役割は経営管理効率を高めることです。しかし一方で、節税対策を重視して設立されることもあるようです。特に小規模な医療機関では、一人医師医療法人制度（ **12** 参照）創設前の昭和の時代、医療法人化には「常勤医師又は歯科医師が３人以上勤務すること」という高い

ハードルの要件があり、また、個人に適用される累進税率が最高で60％を超えるなど高率であったため、MS法人を節税目的で設立した例が多かったようです。

　特に当時は個人病院の数も多く、また、有床診療所を個人開業医が経営する例も多々あり、これらは物的・人的規模が大きいため委託業務の種類も豊富で、委託費の金額も高額に設定できたようです。

　具体的なスキームは、個人開業医が配偶者など親族を役員にして株式会社や有限会社を設立し、業務委託等を行うというものです。また、当時はいわゆる「第二薬局」として同族会社が門前の調剤薬局を経営することも可能でした。「一粒で二度美味しい」と揶揄されましたが、相当の利益が計上でき、かつ、節税にも役立った時代でもありました。

　しかし、業務委託などを通じ医業の利益を同族会社であるMS法人に移転することは、「同族会社の行為計算の否認規定」による税務上の問題を惹起させました。

　行為計算の否認規定とは、税務業界では伝家の宝刀といわれるもので、個人開業医と同族会社（MS法人）の行為計算をそのまま容認した場合には、**個人開業医の所得税の負担が不当に減少する**結果となる、ならば、**その行為計算を税務上は否認して課税処分**します、という規定です。

　当時、個人開業医が同族会社（MS法人）に「受付窓口・医事・経理・清掃など」の業務全般を委託し、委託費を「原価（人件費など）×1.5倍〜2倍（それ以上もありました。）」程度で設定する例がありました。これにより個人開業医は必要経費が増え、税金負担が大きく減少します。税務調査で、課税当局は、この行為計算を認めると個人開業医の所得税の負担が不当に減少する結果となると判断して、これら業務の市場調査を行い、第三者に委託した場合の委託費は「原価×1.2倍」程度までと判断して、ここまでは容認するがそれを超える業務委託費は不相当に高額と認定し、経費として認めない課税処分を行ったようです。ちなみにMS法人の所得と税金はそのまま過大部分

の対価を返金する必要はありません。当時、同様の事例が散見され厳しい課税処分が相次いだため、節税目的のMS法人の活用は下火となり、一人医師医療法人制度の創設・普及により法人を活用した節税法のシフトチェンジが医療法人へと進んで行きました。

　今現在、「会社を使った節税法」などという言葉が独り歩きするため、MS法人の設立を希望される医療法人の理事長や個人開業医がいます。しかし、小規模な医療機関では委託する業務に事欠く場合が多く、また節税につながる効果的な委託費が設定できません。医療法人の役員とMS法人の役職員は兼務制限があるためメンバー不足が生じたり、業務受託したMS法人に消費税負担が発生してコストアップする場合や、委託業務の実態に無理がある例や継続性が保てない事例なども散見されます。その結果、MS法人を設立した後、持て余している例もあります。

　また、「同族会社の行為計算の否認規定」は昔と同様です。昔の経験則から「原価に対し2割増しはOK」という風説が流布されますが、根拠に乏しく怪しいところです。今では2割増説は御破算で、該当する業務を**第三者の業者（他人）に委託した場合の対価と同程度**（相見積もりなどでエビデンスを残す必要があります。）でないと税務調査で否認されるリスクが残ることになります。

　「医療法人のお金は不動産などの投資に使えないからMS法人を設立したい」という相談もありますが、投資を希望するなら院長個人でもできます。

　MS法人を設立したが活用できず困ることのないように特に小規模な医療機関においては、その設立は慎重に検討する必要があると思います。

14 小規模企業共済制度加入のススメ！ ~お金が貯まる節税術~

　個人開業医に限られる話ですが、「節税しつつ引退後の資金がコツコツ貯まる方法」をご存知でしょうか。それは**「小規模企業共済制度」**を活用することです。

　この制度は所得控除の一つであり、「経営者の退職金制度」と呼ばれています。

　通常の場合、節税するためには財布からお金が出ていきます。

　つまり多くの経費を使うことにより、課税所得金額を減らし節税することが可能となります。しかし、経費を支払う場合や設備投資を行う場合には、キャッシュアウトするためいずれも財布は軽くなるのです。

　減価償却費は「お金の支出が伴わない経費」であり、その部分は内部留保されるので一見お金が出ていかず得をしているように思えます。しかし、減価償却費の大本は設備投資です。設備投資をしたタイミングでまとまったお金が出て行っています。

　経費を支払ったり設備投資を行う場合、お金は出て行ったきりで手元に戻ってくることはありません。

　これに対して小規模企業共済制度は掛金支払い時にお金が出て行きますが、これは全額所得控除として必要経費と同様に所得（儲け）から差し引けます。それにより税金は軽減されます（＝節税）。そして、個人開業医を廃業した際には、それまで支払った掛金に応じて「共済金」という名目でお金が戻ってくるのです。共済金の受け取り方は「一括」「分割」「一括と分割の併用」が可能です。一括受取りの場合は「退職所得」扱いに、分割受取りの場合は「公的年金等の雑所得」扱いとなり、税制上のメリットが受けられます。

支払時	掛金が全額所得控除できる	廃業時	掛金＋αが「共済金」として手元に戻ってくる

この制度の概要は以下のとおりです。

- 運営母体：独立行政法人 中小企業基盤整備機構
- 加入資格：常時使用する従業員の数が5人以下の個人開業医及びその経営に携わる共同経営者（個人事業主1人につき2人まで）。
- 掛金：　　月額1,000円から7万円までの範囲内（500円単位）で、増額・減額が可能。また、前納できる。その場合一定割合の前納減額金を受け取ることができる。掛金は税法上、全額を小規模企業共済等掛金控除として、課税所得から控除できる。1年以内の前納掛金も同様に控除できる。

  ※ 掛金の納付期間に応じた貸付限度額の範囲内で事業資金等を借り入れることもできる。

- 共済金：　個人事業を廃業した場合、共済契約者が死亡した場合、個人開業を医療法人化して解約をした場合、老齢給付（65歳以上で180ヶ月以上掛金を払い込んだ場合）の条件を満たした場合などに受け取れる。

〈試算〉独立行政法人 中小企業基盤整備機構HPシミュレーションより
2023年5月加入、加入時年齢45歳、廃業時年齢70歳、課税所得金額1,000万円、掛金月額7万円、加入期間301ヶ月の場合

- 掛金総額21,070,000円（毎年の節税額367,000円）

  ※ 節税額には復興特別所得税が含まれている。

- 70歳事業廃止時の共済金受取額25,439,400円

　小規模企業共済制度は残念ながら医療法人の役員は加入できません。

　また、個人開業医が医療法人成りして個人事業を廃業した場合には、契約が解約となり共済金を退職所得として受け取ることになります。

15

税務調査は断れないの？

　個人開業の医師は2月16日から3月15日の確定申告シーズンに申告して納税します。また、医療法人はそれぞれの決算期の後、税務申告と納税を行います。申告を終えると待っているのが「税務調査」です。税務署は7月から新たな事務年度（7月〜翌年6月）が始まり、その期の税務調査がスタートします。税務調査は「質問検査権」という法的権限に基づいて行われるため、断ることはできません。調査で痛い目に遭わないために日頃から税務調査の内容を知り、備えておくことが求められます。

1　税務調査は断れない

　顧問先の医療法人に法人税・消費税・源泉所得税・印紙税の税務調査を行いたいと所轄税務署から連絡がありました。そこで、その医療法人の理事長に連絡をとり、その旨を伝えたところ、「忙しいので断ってほしい」という返事でした。果たして税務調査は忙しいという理由で断れるのでしょうか。

　個人開業医も医療法人も自ら所得（儲け）を計算して、税務申告を行い、納税します。この自ら申告書を提出し納税する制度は「申告納税制度」と呼ばれ、戦後徴税コストを下げるためシャウプ勧告により導入されたものです。納税者自らが所得計算するため、税務署はその申告内容が正しいかどうかをチェックできるように法的整備がされています。それが「税務調査」です。税務調査は国税通則法という法律に基づき、「質問検査権」という権限が税務調査官に与えられて、行うことができます。

　法律には「税務署の職員は、所得税や法人税、消費税に関する調査について必要があるときは納税者などに質問し、帳簿書類の検査をし、必要な物件

の提示・提出を求めることができる」と定められています。このように法律上は「必要があるときは…できる」と書かれていますので、一見税務調査を「必要がない」と断わることができるように受け取れます。しかし、残念ながら税務調査を拒むことはできません。

　まず、「必要があるか否かの判断」は税務署側が判断することで足りると判例でも示されています。さらに、法律は「税務職員の質問に答弁しなかったり、偽りの答弁をしたり、検査などの実施を拒み・妨げ・忌避した者には1年以下の懲役又は50万円以下の罰金に処する」と規定し、納税者に対して罰則付きで税務調査に協力しなければならないという「受忍義務」を課しているのです。これにより税務調査は間接的に強制力が生じることとなり税務署側が必要と判断したら行われることになるのです。

◤2　税務調査の流れと留意事項

　実際の税務調査は、様々な情報から明らかに脱税行為が認められ、捜査令状に基づいて行われる強制調査（いわゆる「マルサ」）を除いて納税者（又は税務代理権限を有する税理士）に対し「事前通知」がされます（【参考1】参照）。

【参考1】主な事前通知内容

① 　実地調査を開始する日時
② 　調査を行う場所
③ 　調査の目的
④ 　調査の対象となる税目
⑤ 　調査の対象となる期間
⑥ 　調査の対象となる帳簿書類
⑦ 　調査対象の納税義務者の氏名・住所等
⑧ 　調査を行う者の氏名・所属官署（代表者のみ）
⑨ 　③～⑥で通知がされなかった事項についても、非違が疑われることとなった場合には調査が可能であること

そして、通常は税務代理権限を有する税理士が立ち会い、診療所や自宅などでの実地調査（質問検査権の行使）が行われます。現場での調査は事業体の規模により異なりますが、無床診療所の場合であれば調査官が1人〜3人ほどで、2日〜3日程度が一般的な目安となります（調査着手から終了までは数ヶ月を要します。）。調査対象期間は悪質な脱税などを除き5年分（5期分）遡って実施できます（仮装・隠ぺいが認められる悪質な脱税に対しては7年）。これは、国税について「更正の請求（過払い税金の還付請求）」の期限が5年とされていることと一対といえます。実務上は、税務申告が適正性を有する内容であり、調査でも少額の申告漏れや解釈の相違しか把握されなかったような事案では3年（3期）遡及で終了する場合もあります。

　筆者の長年の経験から、税務調査ではいたずらに敵対的な態度で応じることは得策ではないと思います。調査官の指摘をすべて受け入れる必要などありませんから、質問検査権を行使する調査官の指摘事項に耳を傾け、何に的を絞って調査しているかを把握し、反論に際しては具体的な証拠資料（これが一番大事です！）を基に理路整然と納税者の立場で主張することが効果的です（実務上は代理権限を持った税理士が税務上の視点で反論することになります。）。

　なお、調査官から提出を求められた物件（税務申告のもととなる様々な資料等）については税務署が預かることができるように法律上なっていますので、これを拒否することはできません。ただし、調査の際の「カルテ提示」については「職務上の秘密についての守秘義務規定（例：医師等の守秘義務）が法令で定められている場合には、質問検査等を行うに当たって十分留意する」こととされていますので、それを踏まえた対応がされると思います。

　調査が終了する際は、修正がなければその旨書面で通知されます。修正が生じる場合は修正金額やその理由が納税者に説明され、修正手続きの勧奨がされます。実務上多くは顧問税理士が間に入り手続きを進めることになりますが、調査結果に関しては納税者の理解や納得は不可欠であり、それなしで

の修正申告に応じることはあり得ないと思います（【参考2】参照）。

【参考2】税務調査の流れ

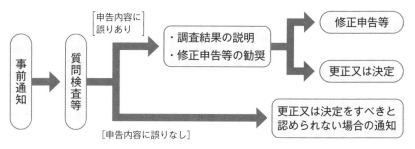

出典：平成26年4月23日付け「国税庁の税務調査の概要」より

▶ 3 「接待交際費」に対するワンポイントアドバイス

　無床診療所の税務調査では特に「接待交際費」について厳しいチェックが予想されます。例えば、以下のような手法で洗い出しされることもあります。

- 過去5年分（5期分）のカレンダーをもとにクリニックの休診日に支出されている接待交際費をチェックする（休診日の行動は院長のプライベートの要素が強いと判断していると思われる。）。

- 深夜の領収書の内容をチェックする（深夜の接待交際費には情報収集等の要素は少ないとみていると思われる。）。

- 接待した相手が事業を行ううえで必要な相手かどうかをチェックする（患者の紹介があるのか、情報交換した内容を経営に活かしているのかなどが具体的に確認される。）。

- 家族構成を確認し、プライベートな領収書が紛れ込んでいないかをチェックする。例えば、親子4人の場合、親子のみで食事をしていると思われる領収書（例：幼い子供が2人いる場合でお子様ランチが2人分計上されているなど）をピックアップしてチェックする。

- 商品券など金券を送っている場合、その送り先をチェックする。送り先が

事業に関連がある相手先かどうかはかなり厳しく確認が行われる。

- 1人で飲食している領収書をチェックする（院長の昼食などの領収書が紛れ込んでいないかを確認している。）。

- 医師会、医局医師、大学関係者との交際領収書をチェックする（医師会、医局医師、大学関係者との接待交際であっても同窓会などプライベートな付き合いが混入していないかをチェックしている。）。

▶ **経費を否認されないための対応策**

- 領収書に直接相手の氏名を記入する。特に、ゴルフや飲食は相手の氏名を記入しておくことと、具体的な紹介患者などを示すことができるようにしておく。

- 事業を行ううえで必要な相手であるという証拠を残しておく。例えば、紹介患者の名前リストの作成や紹介状をファイルしておく。又は、情報交換した記録を残しておく。

- 商品券を送付した場合には、送り先リストを作成しておく。また、事業遂行上の必要性が証明できる証拠を残しておく。

4 税務調査の現状

国税庁の統計によれば、新型コロナウイルス感染症の影響により、例えば法人税の実地調査件数は令和2事務年度（令和2年7月〜令和3年6月）は約2万5千件と前事務年度に比べ概ね32.7％減少し、過去最低となったそうです。しかし、令和3事務年度（令和3年7月〜令和4年6月）には、実地調査件数は4万1千件と対前年比163.2％まで増加しています。今後も増加傾向は続くと予想されます。

所得水準などから個人開業医や医療法人は調査対象となりやすく、「調査は必ずある」との認識を持つ必要があります。証拠資料をしっかり残し、日々顧問税理士と相談しながら無駄のない税務申告を行い、税務調査に備えることが大切だと思います。

16

「持分あり」から「なし」への移行、そのメリットとデメリット

1 有利か、不利かではない

　持分あり医療法人の理事長から「持分なし医療法人へ移行したほうが有利ですか、それとも不利ですか」とよく質問されます。

　医療法人を経営していくうえで「有利不利」を判断基準に意思決定することは多いと思います。しかし、持分なし医療法人への移行については、「有利」か「不利」かという一義的な見方は馴染みません。その本質は**「財産権を放棄する代わりに相続税の課税を免れ、かつ、払戻しリスクが回避できる」**というものです。平たく言えば、財産は失う代わりに、相続・事業承継がしやすくなり、経営上のリスクが回避できるというものです。このことはメリットとデメリットが表裏一体であることを意味します。移行に際してこのメリット・デメリットの内容を正確に理解し、意思決定することがとても重要です。なぜならば、「持分なし」への移行後、「持分あり」へ後戻りすることは二度とできないからです。

2 「持分」とそのリスク

　「持分あり」から「持分なし」への移行は、医療法人の**定款変更**により行われます。定款変更に必要な手続きは、監督官庁である都道府県に対して「定款変更認可申請書」を提出することです。担当官が適正性をチェックし、問題がなければ認可されます。

　「持分なし」への移行は、出資者の私有財産の放棄手続きとなるため、担当官がチェックする際、**出資者全員の同意**の有無について「出資持分の放棄申

出書」や「社員総会議事録」などで確認されることになります。一人でも反対する者がいる場合や出資者が認知症となり判断できないときには移行ができない点に留意が必要です。

　持分あり医療法人の定款には「持分」について以下の2条文が設けられています。この2条文こそが「持分」の実態です。移行手続きをする際に必要となる定款変更とは、この2条文を削除することです。

> (1)　社員資格を喪失した者は、その出資額に応じて払戻しを請求することができる。
> (2)　本社団が解散した場合の残余財産は、払込済出資額に応じて分配するものとする。

　(1)は持分の**「払戻請求権」**に関する規定で、持分を持つ社員が退社（社員を退くこと）する場合に、医療法人がその社員から請求されれば出資額に応じて持分を払い戻すことを定めたものです。払い戻す金額は「時価純資産」での算定が可能という判断が最高裁で確定しています。設立時に数千万円だった出資持分が時の経過を経て数十億円に膨らんだ場合には、数十億円での払戻しが要求されてしまいます。法廷で争っても医療法人が負けるのは明らかです。したがって、社員からの払戻請求が顕在化した場合には、医療法人の経営にとって非常に大きなリスクとなります。

　(2)は医療法人の**「解散時の残余財産の分配」**に関する規定です。解散自体は稀なことですが、仮に解散する場合、残余の財産があれば持分を持つ社員に対し払込済出資額に応じて分配することになります。こちらも時価ベースでの配分となります。

　(1)、(2)のいずれもが持分を持つ社員の財産権を定めた規定ですが、持分は財産であるため相続や贈与の際、相続税・贈与税が課税されます。数億、数十億円に膨らんだ持分に対する相続税は相当な金額に及び、かつ、持分は流動性が乏しいため納税資金の調達ができずに苦労して相続・事業承継を

危うくする可能性があります。また、相続人が納税資金確保のために払戻請求権を行使すれば、医療法人の資金繰りに甚大な影響を及ぼすことにもなり、経営上の大きなリスクになります。

3 「持分なし」への移行

　持分なし医療法人への移行に必要な手続きは、上記2（1）、（2）の条文を定款から削除し、以下の条文を加えることです。

▶ **定款に加えられる条文**

> 本社団が解散した場合の残余財産は、合併及び破産手続開始の決定による解散の場合を除き、次の者から選定して帰属させるものとする。
> (1)　国
> (2)　地方公共団体
> (3)　医療法第31条に定める公的医療機関の開設者
> (4)　都道府県医師会又は郡市区医師会（一般社団法人又は一般財団法人に限る。）
> (5)　財団たる医療法人又は社団たる医療法人であって持分の定めのないもの

　定款変更により**持分なし医療法人**に移行すると2（1）の払戻請求権の条文が削除されますので、**社員の払戻請求権は消滅**します。これにより経営上の大きなリスクが回避されます。

　また、解散時の残余財産は国等に帰属すると変更されます。この規定により出資者に財産が戻りませんので**相続税課税がなくなります**。

　このように持分なし医療法人に移行することは医療法人・出資者双方にとってのリスクを回避できますが、その反面、持分という私有財産を放棄（＝財産が消滅）することになります。持分なし医療法人への移行の意思決定にあたっては、具体的に財産をどのくらい失うのかをすべての出資者が把握し

たうえで実行する点が最重要ポイントの一つになると思います。

　なお、解散時の残余財産の帰属先には「他の持分のない医療法人（上記（5）が該当します。）」も選択肢の一つとされています。

◤ 4　税理士としての思い

　持分なし医療法人への移行は一つの選択肢であり、可か不可かはそれぞれが判断することです。厚生労働省の調べでは、平成18年改正医療法施行後、令和3年3月末までに「持分なし医療法人」へ移行した法人数はわずか1,313法人にとどまっています。低調な理由には持分なし医療法人に対する理解不足や持分ありのままでいたいというオーナーの意向などがあると推測されます。しかし、含み益が莫大な持分あり医療法人の理事長に対して、相続・事業承継対策の一環として持分なし医療法人へ移行することを税理士が提案する機会は増えています。その背景には平成26年に厚生労働省が持分なし医療法人への移行を推進するため認定医療法人制度を時限措置として創設したことが大きく影響しています。特に平成29年の改正で「非課税8要件」を入れた結果、移行時のみなし贈与税が非課税となることが明確化されました。それ以降、持分なしへ移行するという傾向が強まりました。しかし、持分なしに移行するという提案は「私有財産を失うこと」を勧奨するという側面があり、クライアントの財産を守る立場にある税理士としてはとても複雑な気持ちになります。

　「持分」については、これが経営者のモチベーションやオーナーシップにつながるという意見があります。また、医療法人のM&Aを行う際には売手の財産権が明確となるため、持分がある方がよいという意見もあります。持分あり医療法人は平成18年の医療法改正で「当分の間」存続が認められた「経過措置医療法人」であるため、一般の非上場会社のような事業承継税制は創設されていません。果たしてこのままの状態が続くのか、それとも持分を持ったままでの承継税制が創設されるのか。今後の動きを注視する必要があると思います。

17 医療法人の 「持分をまるまる残す生命保険」の活用

▌1 「持分」は換金性に乏しい財産

　持分の定めのある社団医療法人（経過措置医療法人）では、理事長が「持分」の大半（場合によっては全部）を持っていることが多くあります。法人設立時の出資持分は数千万円だったにもかかわらず、長年の経営の結果、持分評価が数億円、数十億円となる法人もあり、後継者が持分を相続する際の納税資金の確保に窮する事例が相当数見受けられます。

　納税資金に窮する主な理由は医療法人の「持分」が著しく換金性に劣るからです。上場株式のようにマーケットで売買することはできませんし、医療法に配当禁止規定があるため配当金の受領も期待できません。後継者である相続人が医療法人に対し「持分の全部の払戻請求」を行い、時価で払戻しを受けることは可能ですが、その場合、後継者は社員の地位を喪失する「退社」手続きをとる必要があります。退社すると後継者は社員総会に出席できなくなり、経営に支障を来すことになります。社員のままで持分の一部を払い戻すこともできません。また、時価で払い戻す場合には医療法人側の財務状況の悪化も懸念材料となります。したがって、この選択は現実的とはいえません。多額の含み益を有する医療法人の持分承継を円滑に行うためには、持分に対する納税資金をキャッシュで確保する方策を検討することが必要となります。特に相続財産に占める持分の割合が高い場合は、納税資金対策をしないと相続人・医療法人とも深刻な状況に陥ることが想定され経営上の大きなリスクになります。

2 「持分をまるまる残す」ための生命保険金額とは

　持分に対する納税資金を「キャッシュ」で確保する有力な手段の一つに生命保険の活用があります。

　ここで、シミュレーションしてみましょう。相続財産は医療法人の持分のみと仮定します。相続の際、生命保険金がいくら入ってくれば後継者はキャッシュで相続税を払った後、持分をまるまる残し、医療法人を承継できるでしょうか。

　【表1】が「配偶者有」の場合、【表2】が「配偶者無」の場合の「課税価格別及び子の数別」の必要保険金額のシミュレーション表となっています。

【表1】相続財産を無キズで残すための生命保険金　①配偶者有

(単位：万円)

課税価格 ＼ 子供の数	1人	2人	3人	4人
10,000	385	315	263	225
15,000	920	748	665	588
20,000	1,788	1,350	1,218	1,125
25,000	2,825	2,088	1,800	1,688
30,000	4,075	3,148	2,635	2,350
35,000	5,325	4,209	3,552	3,206
40,000	6,619	5,270	4,612	4,088
45,000	8,071	6,570	5,723	5,038
50,000	9,523	7,919	6,877	6,192
55,000	11,000	9,268	8,031	7,346
60,000	12,667	10,687	9,271	8,500
65,000	14,333	12,139	10,723	9,750
70,000	16,000	13,590	12,174	11,000
75,000	17,667	15,103	13,626	12,250
80,000	19,333	16,661	15,077	13,661
85,000	21,000	18,218	16,529	15,113
90,000	22,667	19,775	17,981	16,565
95,000	24,333	21,333	19,432	18,016
100,000	26,028	22,890	20,884	19,468

※ 配偶者の税額軽減を法定相続分まで活用するものとする。

【表2】相続財産を無キズで残すための生命保険金　②配偶者無

課税価格 ＼ 子供の数	1人	2人	3人	4人
10,000	1,529	770	630	490
15,000	4,433	2,200	1,440	1,240
20,000	8,100	4,343	2,871	2,150
25,000	12,500	7,533	5,014	3,543
30,000	17,500	10,867	7,300	5,686
32,500	20,000	12,533	8,967	6,757
35,000	22,500	14,564	10,633	7,829
40,000	27,878	18,655	13,967	10,400
45,000	33,989	23,000	17,300	13,733
50,000	40,100	28,000	21,027	17,067

　持分評価5億5,000万円の事例を用いて具体的にみてみましょう。

【事例】

　一次相続（理事長の相続）

- 理事長の相続財産は医療法人の持分のみで評価額が5億5,000万円
- 相続人は配偶者と子（後継者である長男）の2人

◆ 解説

　【表1】の課税価格5億5,000万円、子供の数1人をみると1億1,000万円の生命保険金が必要となります。この場合、配偶者の税額軽減を最大限活用するため課税価格の2分の1は配偶者が相続します（この部分は配偶者の税額軽減により相続税ゼロ）。残りの2分の1を子（後継者）が相続し、生命保険金の非課税（500万円×2人＝1,000万円）の適用を受け、生命保険金1億1,000万円で1億1,000万円の相続税を納税すれば一次相続で持分はまるまる配偶者と子に残ります。

（注）　課税価格は持分評価5億5,000万円に生命保険金1億円（1億1,000万円－1,000万円）を加えた6億5,000万円となる。配偶者は2分の1の3億2,500万円分の持分を相続することになる。

【事例】

　二次相続（配偶者の相続）
- 配偶者の相続財産は医療法人の持分のみで評価額が3億2,500万円（理事長から相続した持分。評価額は変化なしと仮定します。）
- 相続人は子（後継者である長男）1人

◆ 解説

　【表2】の課税価格3億2,500万円、子供の数1人をみると2億円の生命保険金が必要となります。この場合、配偶者の持つ持分を子（後継者）が相続し、生命保険金の非課税（500万円×1人＝500万円）の適用を受け、生命保険金2億円で2億円の相続税を納税すれば二次相続で持分はまるまる子に残ります。これで親世代から子への持分承継は完了となります。

3　生命保険契約の形態

　上記2の**【事例】**の場合、生命保険の契約形態は一般的には次のように考えられます。

　一次相続（理事長の相続）の場合
- 契約者（保険料負担者）…理事長
- 被保険者…理事長
- 保険金受取人…子（後継者である長男）

　二次相続（配偶者の相続）の場合
- 契約者（保険料負担者）…配偶者
- 被保険者…配偶者
- 保険金受取人…子（後継者である長男）

　また、活用する生命保険の種類は確実に受取可能な終身保険などが中心になると考えられます。まずは持分の評価額を算定することがスタートになり

ますが、相続までの期間、評価額が上振れすることも念頭に生命保険金の受取額を決定する必要があると思います。

▼4 医療法人で生命保険契約を締結する場合

上記2では理事長や配偶者が「個人」で生命保険契約を締結し、後継者である子（保険金受取人）が生命保険金を受け取って相続税をキャッシュで払い、「持分」をまるまる承継するパターンをみました。このパターンは、理事長や配偶者が役員報酬（額面）から所得税・個人住民税・社会保険料などの控除を受けた後、手取額から生命保険料の負担をするため、個人負担は大きくなります（図1）。

【図1】

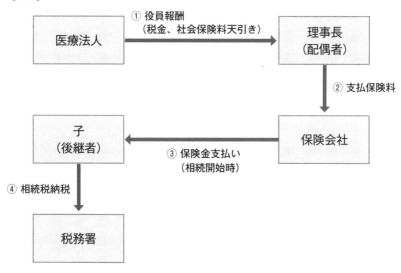

そこで、医療法人を生命保険契約者とするパターンを検討してみます。

医療法人を契約者とする場合

- 契約者（保険料負担者）：医療法人
- 被保険者：理事長
- 保険金受取人：医療法人
- 死亡退職金受取人：子（後継者である長男）

　この場合は、理事長の死亡により保険金は医療法人に支払われます。それを原資に医療法人が子に死亡退職金（相続税計算時に「500万円×法定相続人の数」まで非課税とされます。）を支払い、子はこれで相続税を納税します（図2）。

【図2】

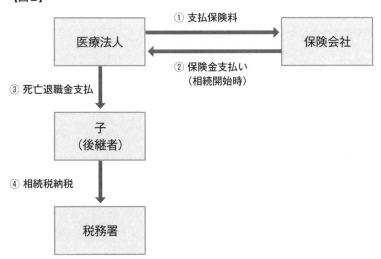

　このパターンであれば、医療法人が直接保険料の負担をするため、理事長が保険料を個人負担する必要はありません。

　なお、上記2の二次相続（配偶者の相続）の場合も、生命保険契約を医療法人で締結することは可能です。しかし、その時は配偶者が医療法人の役員であることが必須となります。

　医療法人が契約者（保険料負担者）となる場合には、確実に生命保険金が

受け取れるが、支払保険料が全額資産計上される終身保険だけでなく、支払保険料が全額損金（必要経費）となる定期保険や一部損金となる長期平準定期保険、逓増定期保険などの活用や組み合わせが検討されると思います。

　理事長などの死亡に伴い医療法人が生命保険金を受け取るとこれを益金（収益）に計上します。その見合いで死亡退職金を支払って損金（必要経費）に計上します。

　ただし、税務調査で死亡退職金に不相当に高額な部分があると認められた場合には、その部分は損金不算入とされます（ 9 参照）。

▶ 5　活用の留意点

（1）非課税枠をダブルで活用することも可能

　上記2では保険契約を個人で締結し「生命保険金の非課税枠（500万円×法定相続人の数）」を活用しています。上記4では契約を医療法人で締結し「死亡退職金の非課税枠（500万円×法定相続人の数）」を活用しています。これらの非課税枠をダブルで使うと更なる節税につながります。例えば生命保険金として1億1,000万円必要な場合に、個人契約で1,000万円、医療法人契約で1億円確保し、前者は保険金の非課税枠を、後者は死亡退職金の非課税枠を使うという方法です。

（2）保険の安全性、他の財産とのバランスも考慮する

　受取保険金が億単位となれば、支払保険料も相当な金額となります。実際の保険活用に際しては、保険会社からの見積書を複数取り寄せるなどして商品の比較をし、保険会社の安全性も考慮して契約する必要があります。また、相続財産が医療法人の持分のみということは通常ありえません。相続財産のうち、預貯金や有価証券など流動性の高い資産の額を考慮して、不足部分について保険活用を検討するというのが現実的であると思います。

18 認定医療法人制度は利用すべきか？

1 認定医療法人制度とは

(1) 制度の概要

　持分なし医療法人への移行促進策として平成26年10月1日から**「認定医療法人制度」**がスタートしました。認定医療法人とは、持分なし医療法人へ移行するための計画（移行計画）の認定制度が実施されている期間内に、移行を検討する医療法人が、**移行計画を厚生労働省に申請**してその計画の認定を受けた法人のことを指します。

　移行計画には持分なし医療法人に移行する期限を記載しますが、遅くとも認定の日から5年以内（令和5年9月30日までに認定を受けた場合は3年以内）に移行しなければなりません。この期間内に移行しない場合には認定が取り消され、遡及して税制優遇措置の適用が受けられなくなります。また、**移行計画には「医療法人の運営が適正に行われていること」を記した書類を添付**しますが、持分なし医療法人への**移行完了後も6年間は、毎年「運営状況の報告書」を提出**するとともに、運営が適正に行われていることを記した書面の添付が必要となります。これらを提出期限内に出さない場合や、虚偽の報告をしたときには認定が取り消されます。

　この制度は、当初3年間の時限措置でしたが、医療法と税法を組み合わせた改正が平成29年に行われて制度の延長と拡充が図られました。再延長もされて現在では令和8年12月31日までの時限措置とされています。

(2)制度の現状

　厚生労働省の調べでは、令和4年下期時点で認定を受けた医療法人数は

921法人で、病院を母体とした法人が546法人、診療所を母体とした法人が375法人となっています（概ね6対4の割合）。また、認定医療法人制度は、出資者の相続開始後であっても、相続税の申告書の提出期限までに認定を受ければ税制優遇措置の適用が受けられますが、相続発生後の申請は全体の1割程度だということです（【データ1】参照）。

【データ1】 認定医療法人の認定数（累計）の推移

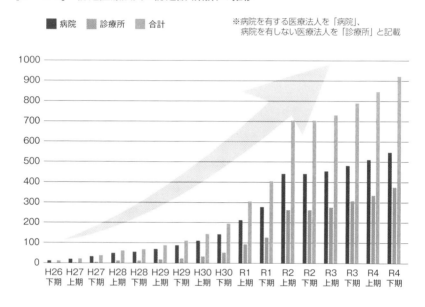

■ 病院　■ 診療所　□ 合計

※病院を有する医療法人を「病院」、
　病院を有しない医療法人を「診療所」と記載

	H26下期	H27上期	H27下期	H28上期	H28下期	H29上期	H29下期	H30上期	H30下期	R1上期	R1下期	R2上期	R2下期	R3上期	R3下期	R4上期	R4下期
病院	11	19	32	49	55	69	87	110	142	212	277	441	441	454	481	510	546
診療所	0	2	5	12	12	18	23	33	52	93	127	263	263	276	308	335	375
合計	11	21	37	61	67	87	110	143	194	305	404	704	704	730	789	845	921

（注）認定件数のうち、相続発生後の申請は1割程度

出典：厚生労働省HP「持分の定めのない医療法人への移行計画認定制度（認定医療法人制度）の概要」14頁

　「持分あり」から「持分なし」への移行件数は、認定医療法人に対するみなし贈与税が非課税とされた後の平成30年度～令和3年度の間で総数822件あ

りますが、そのうち608件（74％）が認定医療法人制度を活用した移行となっています。この割合をみると「持分なし」への移行の際には認定医療法人制度の活用を検討することは必須と考えられます（【データ2】参照）。

【データ2】 認定医療法人制度創設後、
　　　　　　持分なし医療法人への移行数と認定医療法人による移行数

年度	「持分あり」から「持分なし」への移行法人数	うち、認定医療法人による移行数	認定医療法人制度を活用した移行の割合
H26	97	1	1.0%
H27	103	8	7.8%
H28	125	19	15.2%
H29	87	20	23.0%
H30	134	70	52.2%
R1	210	164	78.1%
R2	303	263	86.8%
R3	175	111	63.4%
合計	+1,234	+656	53.2%

H30年度～R3年度における「認定医療法人制度を活用した移行の割合」は74％（608/822）
「持分なし」に移行を行う際には検討が欠かせない制度となっている。

旧制度は、H26.10 ～ H29.9 新制度は、H29.10 ～ R8.12
H29.10の新制度から、認定医療法人に対するみなし贈与税の非課税措置が導入され、活用件数が伸びている。

出典：厚生労働省HP「持分の定めのない医療法人への移行計画認定制度（認定医療法人制度）の概要」15頁

（3）低利の融資

　認定医療法人の特典の1つが「低利の融資」です。これは、持分なし医療法人へ移行する際、出資者のうちでこれに反対する者が持分の払い戻しを請求してくる可能性があるため、その際は、払戻資金を独立行政法人福祉医療機構（WAM）が低利で融資するというものです。融資の概要は以下のとおりです。

【表1】　融資の概要

独立行政法人福祉医療機構（WAM）による経営安定化資金について

- 移行計画の認定を受け、持分なし医療法人への移行を進める医療法人において、出資持分の払戻が生じ、資金調達が必要となった場合、独立行政法人福祉医療機構による新たな経営安定化資金の貸し付けを受けることができます。
- 貸付限度額：2億5,000万円
- 償還期間：8年（うち据え置き期間1年以内）
- 貸し付け条件

・国の移行計画の認定を受け、持分なし医療法人への移行期間中の医療法人であること。
・資金の貸付にあたっては、事前審査及び本審査を受けていただく必要があります。
・通常の「経営安定化資金」との併用はできません。

出典：「持分なし医療法人」への移行促進策（延長・拡充）のご案内について　より抜粋

（4）税制優遇措置

　特典の2つ目が「税制優遇措置」です。実務上は圧倒的にこちらが重要であり、活用されています。特に**「相続税の納税猶予・免除」「出資者間の贈与税の納税猶予・免除」「医療法人への贈与税の非課税」**の3特例は認定医療法人の大きなメリットといえます。

　相続税の納税猶予・免除制度は、出資者に相続が発生しても認定医療法人であれば出資に対する相続税の納税が猶予され、相続人が移行計画の認定の日から5年以内（令和5年9月30日までに認定を受けた場合は3年以内）に持分放棄すれば猶予税額が免除される特例です（【図1 ①】参照）。

　出資者間の贈与税の納税猶予・免除制度は、出資者がA、Bなど複数の場合に、出資者を集約して持分放棄をしやすくするために、集約の際の贈与税を猶予し、集約された受贈者（通常は後継者）が移行計画の認定の日から5年以内（令和5年9月30日までに認定を受けた場合は3年以内）に持分放棄すれば猶予税額が免除される特例です（【図1 ②】参照）。

医療法人への贈与税の非課税は、出資者の全員が同時に持分を放棄した際に、その医療法人が同族経営であったり、役員・従業員やMS法人などに特別利益の供与等をしている場合には、医療法人を個人とみなしてこれに贈与税を課税するという税法があるのですが、認定医療法人の場合には、移行計画の認定の日から5年以内（令和5年9月30日までに認定を受けた場合は3年以内）に持分放棄すればこの贈与税を非課税にするというものです（【図1③】参照）。

【図1】認定医療法人のメリット

① 相続税の納税猶予・免除

② 出資者間の贈与税の納税猶予・免除

③ 医療法人への贈与税の非課税

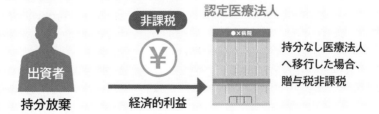

出典：令和5年度　税制改正の概要（厚生労働省関係）(mhlw.go.jp) を一部加工

具体的な税制優遇措置を【図2】の事例で確認します。

【図2】

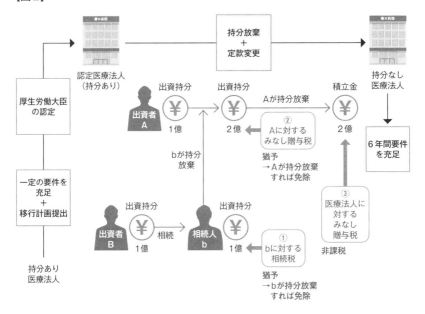

出典：厚生労働省HP「持分の定めのない医療法人への移行計画認定制度（認定医療法人制度）の概要」13頁

イ　認定医療法人の出資者はA・Bの2人であり、共に持分評価は1億円である。

ロ　出資者Bに相続が発生し相続人bが持分を相続した。本来は1億円の持分に対し相続税が課税されるが、認定医療法人の持分であるため相続税の納税猶予が受けられる（①）。

ハ　bが持分放棄をすればbの持分に対する相続税は免除される。

ニ　bの放棄により出資者Aの持分評価が2億円となり、Aに対しみなし贈与税が課税されるが、認定医療法人であるため納税猶予が受けられる（②）。

ホ　Aが持分放棄をすれば、Aのみなし贈与税は免除される。この時点で「持分なし医療法人」に移行したが、認定医療法人であるので、医療法人に対するみなし贈与税は非課税とされる（③）。

ヘ　認定医療法人は、「持分なし医療法人」となった後も認定失効までの6年間は「運営に関する要件」を充足し続けなければならない。6年間の中途でこの要件を充足できなくなった場合は、認定が取り消され、遡及してみなし贈与税が課税される。

（5）認定要件

　医療法人が移行計画の認定を受けて認定医療法人となるための主な要件は次のとおりです。

① 移行計画が社員総会において議決されたものであること。
② 出資者等の十分な理解と検討のもとに移行計画が作成され、持分の放棄の見込みが確実と判断されること等、移行計画の有効性及び適切性に疑義がないこと。
③ 移行計画に記載された移行期限が5年（令和5年9月30日までに認定を受けた場合は3年）を超えないものであること
④ 運営に関する要件を満たすこと

　④の「運営に関する要件」を満たしていることが、その医療法人の運営が適正に行われている証とされ、「運営方法5要件」「事業状況3要件」の計8要件で構成されています（【表2】参照）。これら8要件は平成29年の医療法改正で新たに設けられたものですが、これに連動して税制改正が行われて**移行時の医療法人に対する「みなし贈与税」を非課税**とする措置が講じられました。

　したがって、これら8つの要件は**「非課税8要件」**と呼ぶことができます。この8要件は、認定が失効するまでの期間（持分なし医療法人への**移行完了後6年間）ずっとクリア**し続けなければなりません。クリアできなくなった場合には認定が取り消され、遡及して医療法人にみなし贈与税が課税されることになります。

【表2】　運営に関する要件（非課税8要件）

〈運営方法〉
1　法人関係者に対し、特別の利益を与えないこと
2　役員に対する報酬等が不当に高額にならないような支給基準を定めていること
3　株式会社等に対し、特別の利益を与えないこと
4　遊休財産額は事業にかかる費用の額を超えないこと

5 法令に違反する事実、帳簿書類の隠ぺい等の事実その他公益に反する事実がないこと

〈事業状況〉

6 社会保険診療等（介護、助産、予防接種含む）にかかる収入金額が全収入金額の80％を超えること
7 自費患者に対し請求する金額が、社会保険診療報酬と同一の基準によること
8 医業収入が医業費用の150％以内であること

※運営に関する要件は、持分なし医療法人へ移行後6年間満たし続けなければなりません。

　ところで、医療法人は同族経営が多いのですが、非課税8要件には非同族要件がありません。税制優遇が受けられる社会医療法人や特定医療法人には非同族要件があり、必ずこれをクリアしなければなりません。しかし、同じく税制優遇が受けられる**認定医療法人は同族経営のままでその恩恵に預かることができる**のです。この点が認定医療法人制度の肝となります。

　また、近年、理事長など経営陣の高齢化が目立ちますが、持分所有者が認知症になったら厚生労働省への認定申請はできなくなります。高齢社会では、認知症発症リスクは経営上の大きなリスクになっています。

　なお、非課税8要件のうち、特別利益供与、役員報酬等、MS法人との取引等について「持分の定めのない医療法人への移行計画認定制度Q＆A」に具体的な留意事項が記述されています。抜粋し筆者が要約したものが以下のとおりです。

〈具体的留意事項〉

● 役員等に対し「社宅（自己所有、借上社宅）」を貸与している場合には「合理的な理由（福利厚生規程に基づき他の職員と同じ基準で貸与している場合、救急対応・建物管理等の業務上の必要性から貸与している場合（規程等がある場合や相応の賃料を受領している場合に限る。）が該当）」がないと特別利益供与となる。

- 「社用車」の利用については利用状況が「法人業務として合理的」であることが必要である。合理的な理由なく、自宅からの通勤等の私的な利用が恒常的に行われている場合には特別利益供与となる。役員の社用車利用は、利用日、利用時間、行先、目的及び移動距離等を記録した運行記録を作成する等、法人の業務の利用であることが合理的に説明できることが必要である。

- 「理事長所有の不動産」を病院用建物や敷地として医療法人が賃借している場合は支払う賃料が適正な価額であることが必要。不当に高額な賃料を支払っていると認められる場合は、特別の利益供与に該当する。賃料が適正であることの説明は対象不動産の不動産鑑定評価書や、近隣類似物件の価額・賃借料、路線価、過去の取引実績等を元に、賃料についての客観的な説明資料を準備する必要がある。

- 役員を被保険者とし、法人を保険金・解約返戻金の受取人とする「生命保険」に加入し、保険料を支払っている場合で、保険金等の受取人が、役員やその親族等ではなく法人に限定されている契約形態であれば、一般的には特別の利益を与えるものではない。しかし、例えば逓増型生命保険（解約返戻率が経過期間に応じて増加するもの）で、これを解約返戻率が低い段階で役員等に時価で譲渡したような場合には、実質的に医療法人の資金を役員等に移転させているものと考えられるため、特別の利益供与と判断される可能性がある。実際には様々な商品があるため、個別商品の内容や目的等を踏まえ、適正な取引であるかが審査される。

- 「福利厚生施設」や「会員権」の利用は、利用規程等を定め、規程等に特定の者だけでなく広く職員が利用可能となっている等でなければ特別利益供与となる。

- 「関係者への貸付金」は、奨学金等福利厚生を目的とするものであれば、特別の利益供与には該当しない。法人内で利用規程等が整備されていない場合には申請前に作成が必要となる。

- 医療法人の役員は、原則、当該医療機関の開設・経営上の利害関係にある営利法人等（いわゆる「MS法人」）の役職員を兼務しないこととされている。兼務している場合は医療法人の運営上問題がある。通知[※1]で特に認められる場合を除き、原則兼務を解消すること。

  ※1 『医療機関の開設者の確認及び非営利性の確認について』平成5年2月3日付け厚生省健康政策局総務課長・指導課長通知

- MS法人との取引は、取引の相手方の選定理由や、取引価額の決定方法について認定申請時に説明が求められる。取引の適正性担保の観点でなるべく入札や同業他社との見積もりによる比較を実施すること。

- 「役員報酬（退職金を含む）」の支給基準を定めなければならない。理事長報酬は概ね年間3,600万円以下の基準とされる。ただし、役員が一般的な業務に加えて、更に報酬を支給することが妥当と考えられるような勤務実態※2 であれば一般的な役員報酬額を超えるような支給を行っていたとしても、不当に高額な報酬では無いと判断されることがある。その場合でも概ね年間5,000万円以下の報酬の範囲内とされる。

※2 例えば、医師である理事が日常の通常業務に加え、更に夜間当直や休日当直などを恒常的に行っている場合等。このような場合には、役員報酬の支給額についての理由を説明する書類が必要となる。内容は以下のようなものとなる。

- 医師としての勤務実績（当直、オンコール対応、手術件数等）
- これまでの法人への貢献度や地域での活動
- 医療法人の役職員全体の平均給与 等

▌2 認定医療法人制度を利用する際の留意点

持分あり医療法人の理事長から「認定医療法人制度の活用は有利ですか？それとも不利ですか？」と質問される機会は多くあります。しかし、この制度は一概に「有利です」、いや「不利です」と結論付けることには馴染みません。

「選択肢の一つ」とされる認定医療法人制度を平たく言うと、「持分なし医療法人に移行する際、厚生労働省が認める適切な移行計画を策定し、かつ、適正な運営をしている法人であれば移行時の医療法人へのみなし贈与税を非課税としてあげます。そうなると、持分への相続税課税がなくなり、かつ、払戻しリスクもなくなって地域医療の要として今後も安定して医療の提供ができます。」ということです。

しかし、この過程で私有財産である持分は放棄しなければならず、「運営に関する要件」は認定が失効する期限である移行後6年間はクリアし続けなければなりません。途中でクリアできなくなった場合には遡及して贈与税が課税されます。この6年という期間は短くないため、役員報酬の制限や社用車の利用制限、MS法人の運営などの点で経営者の理解とゆるぎない決心及び忍耐が必要となります。

また、想定外の事態も考えられます。例えば、医療に関する法律に基づき医療法人又はその理事長に罰金刑以上の刑事処分が下される事由が生じた場合や、医療法人が開設する医療機関に対する医療監視の結果、重大な不適合事項があって都道府県から改善勧告がされたが是正できないなどの場合は「法令に違反する事実」が生じたことになり認定取消事由に該当します。

　さらに、自由診療収入が想定を超えて増えた結果、社会保険診療等が全収入金額の80％以下となる場合や、将来、無借金で病院を建て替えるために預金残高を積み上げた結果、遊休財産の制限に抵触したなどの事態も生じるかもしれません。このような不測の事態による認定取消しへの備え（いざという時の納税資金の準備等）も認定申請する際は必要と考えます。認定医療法人申請に際しては、これらを理解したうえで可否を判断することになると思います。

3　認定申請の是非

　持分に対する相続税負担は無理であるなどの理由で「持分なし医療法人」への移行は必須であり、かつ、「運営に関する要件」のクリアは可能と見込まれる場合には、認定医療法人制度の活用を前向きに検討することになると思います。その場合には時限措置が切れる前に認定申請し、移行時の贈与税非課税の恩恵を受けるべきです。しかし、想定に反して移行後6年経過前に8要件がクリアできなくなって贈与税が遡及課税されることがあるかもしれません。その際でもこの制度は贈与税本税の納税だけで済み、延滞税等の納付は生じません。これは画期的な取扱いですが、遡及課税される可能性もあるため、認定申請時には可能な限り持分評価は下げておいた方が安全といえます。

　また、持分なし医療法人への移行はしたいが、8要件のクリアはできない（又は8要件のクリアを6年間し続けられない）場合は、敢えてみなし贈与税

を払うことを前提に持分なし医療法人へ移行するタックスプランを採用することも選択肢の一つではないでしょうか。

　予め医療法人が負担可能な贈与税を計算し、持分評価が下がるタイミングを見計らって移行することができれば、資金繰りに与える影響も少なくてすみます。

　持分の承継には「税負担」が生じるものです。これは事業承継のためのコストといえます。このコストを、相続であれば後継者が相続税として負担します。これは後継者個人の財布から支払うことになります。これに対し、医療法人が贈与税を負担する場合には医療法人の財布で納税することになります。視点を変えれば個人の納税を肩代わりしたとも考えられます。相続のタイミングはコントロールできませんが、贈与（持分なし医療法人へ移行するための定款変更）時期はコントロールできます。これらの点を整理・理解して検討する必要があります。

　移行の仕方によって医療法人の相続・事業承継の成否は変わります。選択肢を様々な視点でシミュレーションし、間違いのない判断を下すことが、医療法人が今後も地域医療の要として安定して医療の提供に携われることにつながると考えます。

【参考】

　現状、認定医療法人の利用数が多くない理由として、持分を持つことによるリスクの認識不足、持分なし医療法人制度に対する理解不足、認定医療法人制度の効果に対する理解不足や制度そのものを知らない（認知不足）、持分なしへ移行すると議決権がなくなるという勘違い（社員である限り議決権はある。）、認定要件（非課税8要件）には非同族要件があるという勘違い（役員構成が同族のままでも非課税要件はクリアできる。）、欠損金を計上（いわゆる赤字）すると持分評価が低くなるので持分なし医療法人への移行は必要ないという誤解、相続発生後に検討することで十分という誤解（124ページ参照）、相談先が不明又は相談者の知識不足などが考えられる。

19 認定医療法人制度は相続開始「後」でも使えるところがすごい！

1 相続開始後でも税制優遇措置にチャレンジできる

　通常、相続が開始すると財産・債務の取引はすべてその時点で止まってしまいます。端的な例として、銀行口座は相続開始と同時に凍結され、その口座での取引自体ができなくなります。

　しかし、認定医療法人制度は違います。令和8年12月31日までの時限措置ですが、相続開始後、相続税の申告期限（10ヶ月以内）までに移行計画の認定を受けて認定医療法人となり、納税猶予の手続きをとれば、持分に対する相続税の納税は猶予されます。その後、5年（令和5年9月30日までに認定を受けた場合は3年）以内の移行期限までに、残余財産の帰属先に関する定款変更の認可を受けて「持分なし医療法人」への移行を完了させれば、猶予された相続税は免除されます。

　認定医療法人制度は、このように相続開始後でも税制優遇措置にチャレンジできる画期的な制度となっています。事実、厚生労働省の調べでは、相続発生後の認定申請は、全体の1割程度あるとのことです。

2 相続開始後の活用例は

　相続開始後の認定医療法人制度の活用例としては次のような場合が考えられます。

　　ある「持分あり医療法人」では、理事長が持分のすべてを持っていました。その評価額は概ね30億円余りでした。その理事長は生前、自分が設立した医

療法人であることもあり、持分という財産権の放棄には否定的でした。また、持分こそがオーナーシップの源泉であると感じていたため、頑なに「持分なし医療法人」への移行を拒みました。

　しかし、その理事長が亡くなって相続開始後、持分に対して10億円余りの相続税が課税されることを知った子（相続人・後継者）は、とても納税は不可能と判断して、相続税の申告期限（相続開始後10ヶ月以内）までに、厚生労働大臣から移行計画の認定を受けて認定医療法人とし、持分に対する相続税の納税猶予手続きをとりました。そして、5年（令和5年9月30日以前に認定を受けた場合は3年）の移行期限内に、持分放棄を伴う残余財産の帰属先に関する定款変更の認可を受けて「持分なし医療法人」への移行を完了させました。これにより、猶予された相続税は免除となりました。併せて、移行時の医療法人に対するみなし贈与税も認定医療法人であるため非課税とされました。

（注）　「持分なし医療法人」への移行後6年間は、毎年、厚生労働大臣に対し「運営状況の報告」を行う必要があります。報告を怠ったり、虚偽の報告をしたりすると認定が取り消され、医療法人に対し遡及してみなし贈与税が課税されます。また、6年の間は「運営に関する要件（非課税8要件）」を満たさなければなりません。満たさなくなった場合にも認定は取り消され、医療法人に対しみなし贈与税が課されます。

　「持分あり医療法人」が厚生労働大臣から移行計画の認定を受けて認定医療法人となり、その後5年（令和5年9月30日以前に認定を受けた場合は3年）の移行期限内に、残余財産の帰属先に関する定款変更の認可を受けて「持分なし医療法人」へ移行する場合のフローは【図1】のとおりです。

【図1】 移行計画認定制度の手続きの流れ（令和2年4月1日以降）

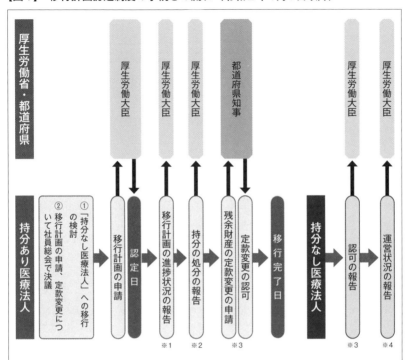

※1 移行期限内で、かつ、移行が完了するまでの間、認定日から1年を経過するごとに、3か月以内に厚生労働大臣に移行計画の進捗状況を報告する。

※2 移行期限内で、かつ、移行が完了するまでの間、出資者に持分の処分（放棄、払戻、譲渡、相続、贈与等）があった場合、3か月以内に厚生労働大臣に出資の状況を報告する。

※3 移行期限までに、残余財産の帰属先に関する定款変更の認可を受け、持分の定めのない医療法人への移行完了後、3か月以内に厚生労働大臣に定款変更の認可を受けた報告を行う。

※4 移行完了後、
① 5年を経過するまでの間…1年を経過するごとに、3か月以内に厚生労働大臣に運営状況を報告する。
② 5年を経過してから6年を経過するまでの間…5年10か月を経過する日までに厚生労働大臣に運営状況を報告する。

出典：厚生労働省「持分の定めのない医療法人への移行認定制度の概要」より

【図1】をベースに、持分を持つ出資者の相続開始「後」にこの制度を活用する場合には次の流れになります。

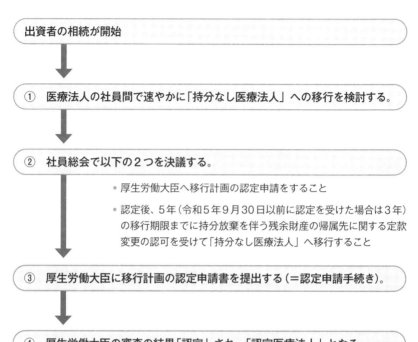

出資者の相続が開始

↓

① 医療法人の社員間で速やかに「持分なし医療法人」への移行を検討する。

↓

② 社員総会で以下の2つを決議する。

- 厚生労働大臣へ移行計画の認定申請をすること
- 認定後、5年（令和5年9月30日以前に認定を受けた場合は3年）の移行期限までに持分放棄を伴う残余財産の帰属先に関する定款変更の認可を受けて「持分なし医療法人」へ移行すること

③ 厚生労働大臣に移行計画の認定申請書を提出する（＝認定申請手続き）。

↓

④ 厚生労働大臣の審査の結果「認定」され、「認定医療法人」となる。

　上記④までを相続税の申告期限（相続開始後10ヶ月以内）までに終えれば、申告の際、持分に対する相続税の納税猶予手続きをとることができます。

　その後は、5年（令和5年9月30日以前に認定を受けた場合は3年）の移行期限までに残余財産の帰属先に関する定款変更の認可を受けて「持分なし医療法人」へ移行します。これで猶予された相続税は免除されます。

　実務上は、**認定医療法人の場合、移行時のみなし贈与税が非課税とされるため、認定後すぐさま定款変更を行い「持分なし医療法人」へ移行する**ことになると思います。

　なお、定款変更の認可後3ヶ月以内には、定款変更完了の旨を厚生労働大臣に報告しなければなりません。これを怠ると認定取消しとなります。

3 相続開始の「前」と「後」の認定制度の流れ

(1) 相続開始「前」の認定申請

　相続開始「**前**」に認定申請するのであれば、**その決断は「出資者本人」がす**
ることになるでしょう。そして、その後、相続が起き、相続人が「納税猶予」
の特例を受け、5年以内の移行期限内に残余財産の帰属先に関する定款変更
（持分なしへの移行）を行って、相続税が免除される運びとなります（**【図2】**
Ⓐの矢印参照）。この場合、「持分なし」への移行時の医療法人に対する「み
なし贈与税」は非課税とされます。移行後の6年間は、毎年、運営状況の報
告を行うことになり、6年経過後に認定は失効します。

(2) 相続開始「後」の認定申請

　これに対し、相続開始「**後**」に認定申請する場合には、**その決断は「持分を**
相続した者（後継者である相続人）」がすることになるでしょう。相続開始後
10ヶ月目の相続税の申告期限までに認定を受けなければならないので、遺言
書がない場合には遺産分割手続を、また、認定申請に向けての社員総会決議
等を迅速に行う必要があります。期限に間に合えば、税制措置やその後の手
続は相続開始前の認定申請と同様となります（**【図2】**Ⓑの矢印参照）。実務上、
相続開始後に認定申請する際は、必ず厚生労働省の担当部署に事前連絡して
スムーズに手続が進められるよう相談することが必須だと思います。

(3) 担保提供と免除の届出

　相続税の納税猶予等の特例は、申告書の提出期限までに納税猶予分の税額
に相当する担保の提供をした場合に限り適用を受けることができるとされて
います。そのため添付書類も含めて担保提供の準備が必要です。なお、担保
は、認定医療法人の持分（質権設定等がされているものを除く。）の全てを担
保として提供した場合には、その持分価額が納税猶予分の税額に満たないと
きであっても納税猶予分の税額に相当する担保が提供されたものとみなさ

れます。また、納税猶予された税額の免除を受けるときは、届出書に一定の
書類の添付をして、「持分なし」への定款変更後遅滞なく納税地の所轄税務
署長に提出する必要があります。

【図2】認定制度の流れ

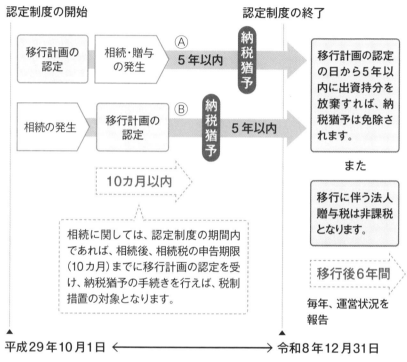

出典：厚生労働省「持分なし医療法人」への移行促進策　延長・拡充　のご案内（パンフレットより）を一部加工

4　生前に持分放棄した方が相続税は少ない

　ここまで読むと出資者の相続開始後でも認定医療法人制度の恩恵にあずかれるのだから、無理に生前に持分放棄して「持分なし医療法人」へ移行する必要はないと考える方がいるかもしれません。しかし、相続開始の前後いずれかで必ず「持分なし医療法人」へ移行するのであれば絶対に「生前に移

行した方が有利！」となります。

事例で確認すると一目瞭然です。

【事例】

〈相続人と財産状況〉
● 相続人は後継者である子Aのみである。
● 出資持分の相続税評価額は5億円（出資額1,000万円、利益剰余金部分：4億9,000万円）、その他の財産は1億円で相続財産の合計額は6億円である。

（1）相続開始後に認定医療法人となり納税猶予を経て「持分なし」へ移行した場合
　① 6億円に対する相続税額　　　2億4,000万円
　② 持分に対する相続税額（猶予・免除分）1億9,000万円
　③ 相続税の納税額（①−②）＝　5,000万円
（2）相続開始前に認定医療法人となり「持分なし」へ移行した場合
　※相続開始時点で持分は消滅しているため相続財産はその他の財産1億円のみとなる。
　相続税額　　1,220万円

事例では、(1)の相続開始「後」では、本来の相続税額は2億4,000万円です。認定医療法人の税制優遇措置により1億9,000万円が納税猶予され、定款変更による出資者の持分放棄がされれば1億9,000万円は免除となります。これはこれで十分な優遇であり、結果として相続税の納税は5,000万円で済みます。

しかし、(2)の相続開始「前」に「持分なし医療法人」へ移行した場合には、相続開始時点で持分は消滅しており相続財産はその他の財産1億円のみとなります。その場合の相続税額は1,220万円です。「生前」での持分放棄が有利なのは明らかといえます。

認知症リスクも含め持分に対するリスクを排除するため、将来必ず「持分なし医療法人」へ移行することが決まっているならば、「生前」に実行できるよう関係者で検討し、アクションを起こすことが相続・事業承継のコストを少なくすることに直結します。この点はしっかりと理解しておく必要があると思います。

20 相続税対策のイロハのイは生前贈与‼

◤ 1 相続税の現状

　国税庁の発表によると、令和３年分の死亡者数（被相続人）は全国では1,439,856人（前年対比104.9％）。そのうち相続税の申告書を提出した被相続人の数は134,275人（同111.6％）で、課税割合は9.3％（前年分8.8％）となります。

　つまり、100人の方が亡くなったら9.3人が相続税の申告対象となっているわけです。これが令和３年分の相続税の申告状況です。

　また、相続税の対象となった財産総額（課税価格の総額）は18兆5,774億円（前年対比113.3％）、申告税額の総額は２兆4,421億円（同 116.8％）でした。

　金額の桁が大きすぎてピンときません。これを被相続人１人当たりに換算すると、平均で課税対象財産額（課税価格の総額）は１億3,835万円で、相続税額は1,819万円となります（【参考１】参照）。

【参考1】相続税の申告事績

	項目 / 年分等	令和2年分 (注1)	令和3年分 (注1)	対前年比
①	被相続人数（死亡者数）(注2)	人 1,372,755	人 1,439,856	% 104.9
②	相続税の申告書の提出に係る被相続人数	人 外 32,651 120,372	人 外 35,395 134,275	% 外 108.4 111.6
③	課税割合（②／①）	% 8.8	% 9.3	ポイント 0.6
④	相続税の納税者である相続人数	人 264,455	人 294,058	% 111.2
⑤	課税価格 (注3)	億円 外 16,657 163,937	億円 外 18,074 185,774	% 外 108.5 113.3
⑥	税額	億円 20,915	億円 24,421	% 116.8
⑦	1被相続人当たり 課税価格（⑤／②）(注3)	万円 外 5,102 13,619	万円 外 5,106 13,835	% 外 100.1 101.6
⑧	1被相続人当たり 税額（⑥／②）	万円 1,737	万円 1,819	% 104.7

(注) 1　令和2年分は令和3年11月1日（※）まで、令和3年分は令和4年10月31日までに提出された申告書（修正申告書を除く。）データに基づき作成している。
　　　　※　申告期限が土・日・祝日等の場合は、その翌日が申告期限となることから、令和2年12月31日に亡くなられた方の申告期限は令和3年11月1日となる。
　　　2　「被相続人数（死亡者数）」は、「人口動態統計」（厚生労働省）のデータに基づく。
　　　3　「課税価格」は、相続財産価額に相続時精算課税適用財産価額を加え、被相続人の債務・葬式費用を控除し、さらに相続開始前3年以内の被相続人から相続人等への生前贈与財産価額を加えたものである。
　　　4　各年分とも、本書は相続税額のある申告書に係る計数を示し、外書は相続税額のない申告書に係る計数を示す。

出典：国税庁ホームページ「令和3年分相続税の申告事績の概要」（令和4年12月）1頁

相続財産に対し、相続税が課税されるか否かのボーダーラインの金額を「相続税の基礎控除額」といい、次の計算式で求めます。

▶ 相続税の基礎控除額

3,000万円　＋　600万円　×　法定相続人の数

　例えば、配偶者と子2人が相続人の場合には「3,000万円＋600万円 × 3人＝4,800万円」が相続税の基礎控除額となり、これを超える財産を遺した人が相続税の課税対象者となります。

　少子高齢社会を迎えている日本では、被相続人（死亡者）の数は毎年増加傾向にあります。その被相続人のうち、相続税の課税対象者数は平成27年分以降急激に増加して10万人を超える状況です。課税対象被相続人が被相続人（死亡者）全体に占める割合を「**課税割合**」と呼びます。この割合が8％を超えるようになったのは平成27年分以降です。令和3年分は9.3％に達しています。平成26年分以前は相続税の基礎控除額が「5,000万円＋1,000万円×法定相続人の数」であったため、課税割合は概ね4％台前半で推移していました。これが、「社会保障と税の一体改革」の一環で税制改正により相続税の基礎控除額が引き下げられた結果、平成27年分以降一気に8％を超える割合となりました（**【参考2】**参照）。

　相続税は富の再分配機能の役割を持つ税金です。相続税の基礎控除額が「5,000万円＋1,000万円×法定相続人の数」の時は課税割合5％程度を目安にしていると言われていました。平成27年分以降は6％程度を目安とするよう基礎控除額を変更したとされていますが、全国平均で9％を超える水準はいくらなんでも高すぎるといえます。是正が必要な水準ではないでしょうか。

【参考2】被相続人数の推移、課税割合の推移

1. 被相続人数の推移

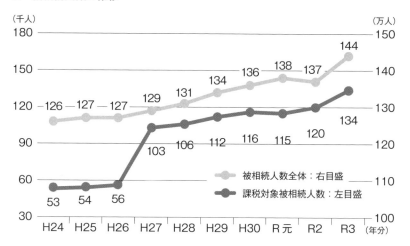

2. 課税割合の推移

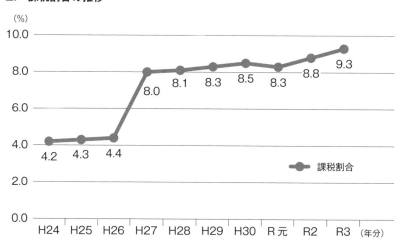

出典：国税庁ホームページ「令和3年分相続税の申告事績の概要（令和4年12月）2頁

また、令和３年分の相続税額のある申告書（修正申告書を除く。）データに基づき相続財産の金額の構成比をみると

- 現金、預貯金等34.0%
- 土地（借地権を含む。）33.2%
- 有価証券（医療法人の持分を含む。）16.4%
- 家屋5.1%

などとなっています。

　例年、相続財産の構成比では土地の割合が一番高く現金、預貯金等が続く傾向でしたが、全国的には、ついに令和３年分では現金、預貯金等の割合が34％で１位となり土地が２番手となりました。これは高齢社会の中で高齢者の持つ金融資産が増えているためと推測できます。しかし、僅差で２番手になったとはいえ土地の割合は構成比の３分の１を占めています。したがって、地価が高い地域では相続税の課税割合が高くなる傾向にあり、東京国税局管内の令和３年分の課税割合は14.7%（令和２年分は13.8%）にもなります。東京都だけでみると課税割合18.1%（令和２年分17.0%）、相続財産の構成比に占める土地の割合は36.5%（２位は現金、預貯金等28.7%）で断トツ１位となります。

【参考】首都圏の令和３年分相続税の課税割合

- 東京都 18.1%（令和２年分 17.0%）
- 千葉県 9.8%（同 8.9%）
- 神奈川県 14.1%（同 13.5%）
- 埼玉県 11.1%（同 10.4%）

2 相続税対策のイロハのイは生前贈与！

相続税の基礎控除額を超える財産を持つ者にとって「相続税対策」は最大の関心事です。対策のイロハのイは**生前贈与**です。国税庁統計年報をみると活発に生前贈与が行われていることが明白です。

1. 令和3年度「暦年課税」の状況

※令和4年6月30日まで処理分

イ　受贈者数：496,145人

ロ　年間贈与財産額：1兆7,339億円

ハ　贈与税の総額：2,899億円

ニ　受贈者1人当たり贈与財産額（ロ/イ）：349万円

ホ　受贈者1人当たり贈与税額（納税額ゼロの者を除く。）
　　（289,958百万円/391,625人）：74万円

2. 令和3年度「相続時精算課税」の状況

※令和4年6月30日まで処理分

イ　受贈者数：44,167人

ロ　年間贈与財産額：6,799億円

ハ　特別控除額合計：4,356億円

ニ　贈与税の総額：488億円

ホ　受贈者1人当たり贈与財産額（ロ/イ）：1,539万円

ヘ　受贈者1人当たり贈与税額（納税額ゼロの者を除く。）
　　（48,849百万円/4,421人）：1,104万円

統計年報から令和3年分の贈与税の申告状況（令和3年6月30日まで処理分）をみると、「**暦年課税**」制度による受贈者数は496,145人で、年間に贈与された財産額は1兆7,339億円とされています。1人当たりの平均額は349万円（ちなみに統計年報では年間贈与額150万円以下の者が41％を占めています。）で、贈与税額は平均74万円となります。暦年課税制度では受贈者ごとにその年1月1日から12月31日までの1年間に贈与によりもらっ

た財産の価額を合計し、その合計額から「**基礎控除額110万円**」を差し引き、その残額に累進税率を乗じて税額を計算します（**【図1】**参照）。

【図1】 暦年課税の仕組み

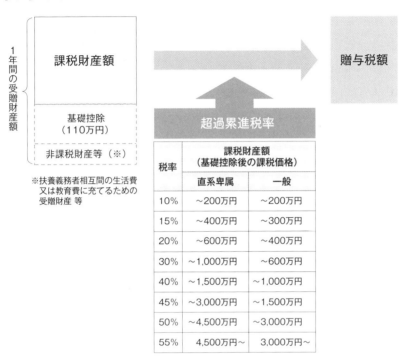

税率	課税財産額 (基礎控除後の課税価格)	
	直系卑属	一般
10%	～200万円	～200万円
15%	～400万円	～300万円
20%	～600万円	～400万円
30%	～1,000万円	～600万円
40%	～1,500万円	～1,000万円
45%	～3,000万円	～1,500万円
50%	～4,500万円	～3,000万円
55%	4,500万円～	3,000万円～

出典：「もっと知りたい税のこと」（令和5年7月・財務省）16頁

　基礎控除額は贈与の際の非課税枠と考えられますが、令和3年分の基礎控除額の総額は4,411億円にもなります。生前贈与しなければ贈与財産は相続財産となるわけですが、この4,411億円部分は、相続税対策として生前贈与を行うという視点では、対策効果抜群ということになります（暦年贈与の分岐点については **22** 参照）。

ところで、贈与税という税金は、資産家が生前に財産を贈与することで相続税の課税を逃れようとする行為を防ぐという意味で設けられた税で「相続税を補完する」役割を果たしています。そのため、暦年課税制度では、「相続前３年間の贈与のみ相続財産額に加算して相続税を課税」するという生前贈与加算制度がとられています（【図２】参照）。したがって、被相続人から相続人に対し相続前３年間に行われた贈与については相続税対策の効果が生じないということになります。

【図２】暦年課税制度による生前贈与加算　（※令和5年12月31日まで）

相続前３年間の贈与のみ相続財産額に加算して相続税を課税

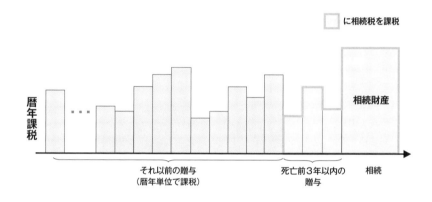

出典：「もっと知りたい税のこと」（令和4年6月・財務省）2頁

　贈与税の計算方法には暦年課税制度のほかに選択により「**相続時精算課税**」という制度を選ぶこともできます。こちらを選択した場合には「特別控除」として通算2,500万円までの贈与について取り敢えず贈与税は課税されず、2,500万円を超えた贈与額に20％の税率で贈与税を仮納税しておきます。後々相続が発生した時、相続税計算にこの生前贈与分の財産を加算して相続税を計算して仮納税の贈与税を精算することになります。この制度は、財産総額が相続税の基礎控除額以下という相続税の納税が生じない者には生前

に大型の贈与ができるというメリットがあります（【参考3】参照）。また、医療法人の持分などの財産評価額が瞬間的に著しく下がった場合も「下がった評価額で生前贈与して、その評価額を相続税計算でも使う」という有利な活用が期待できます。

しかし、相続時に必ず生前贈与された財産を相続財産としてカウントして相続税の計算をするため、また一度選択すると暦年課税に後戻りはできない制度でもあるため、選択の際は慎重に検証・試算する必要があります。

【参考3】相続時精算課税の例示と暦年課税との比較（令和5年12月31日まで）

	制度の仕組み	3,000万円を生前贈与し、1,500万円を遺産として残す場合の計算例 平成27年1月1日以後の相続で、法定相続人が配偶者と子2人の場合			【参考】暦年課税の場合
贈与時	① 贈与財産額を贈与者の相続開始まで累積 ② 累積で2,500万円の非課税枠 ③ 非課税枠を超えた額に一律20%の税率	贈与額 3,000万円 非課税枠 2,500万円	税率×20%	納税税額 100万円	納付税額 1,036万円
相続時	贈与財産額（贈与時の価額）を相続財産の価額に加算して、相続税額を精算	贈与額 3,000万円　相続税額 1,500万円 4,500万円 < 基礎控除：4,800万円		・無税 ・贈与時の納付税額100万円は還付	無税

合計納税額　0円｜1,036万円

出典：「もっと知りたい税のこと」（令和4年6月・財務省）17頁

3 税制改正で大幅に変更される贈与税制!!

　贈与税の累進税率は、贈与税が相続税を補完するための税であるため相続税の累進税率より急勾配とされています（159ページ参照）。そのため、将来の相続財産が比較的少ない層にとっては生前贈与に対し抑制的に働く面があります。その一方で、現状、相当に高額な相続財産を有する層にとっては、財産の分割贈与を通じて相続税の累進税率を回避しながら多額の財産を移転することが可能となっています。それが相続税対策のイロハのイは生前贈与といわれる所以です。国税当局は、従来よりこの点を問題視し、諸外国の制度を参考にしつつ、相続税と贈与税を一体的に捉えて課税する観点で暦年課税制度と相続時精算課税制度のあり方の見直しを検討していました。これが、令和5年度税制改正により「資産移転の時期の選択により中立的な税制の構築」をするという観点で贈与税制について大改正が行われました（改正の詳細は 21 参照）。

（1）暦年課税制度の改正

　被相続人の生前に贈与を受けた財産は、毎年110万円（基礎控除額）まで贈与税がかかりません。ただし、相続人に対し相続前3年間に行われた贈与については、「**生前贈与加算**」として相続した財産と合算して相続税を納めることとされてきました。

　令和5年度税制改正では、平均寿命が延びて生前贈与できる期間が長くなっているなどの指摘を受けて**合算対象期間が7年に拡大**されました（【参考4】参照）。なお、合算期間は令和9年1月以降、段階的に延ばしていき、令和13年1月以降に7年となります。激変緩和措置として、延長した4年間に受けた贈与については、総額100万円まで相続財産に加算しない取扱いがされます。

【参考4】改正後の暦年課税制度のイメージ

相続前7年間（※）の贈与のみ相続財産額に加算して相続税を課税

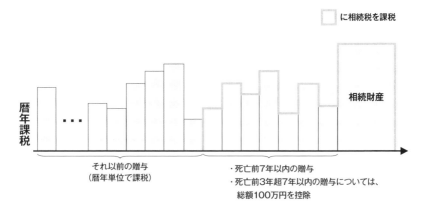

※令和5年12月31日以前の贈与については、相続前3年間。

出典：「もっと知りたい税のこと」（令和5年7月・財務省）17頁

（2）相続時精算課税制度の改正

　暦年課税制度との選択制は引き続き維持したうえで、相続時精算課税制度を選択した場合には、これまで少額の贈与もすべて申告が必要でしたが、毎年110万円までの少額贈与については相続時に申告しなくてよいとされました（**【参考5】**参照）。また、相続時精算課税で受贈した土地、建物が災害により一定以上の被害を受けた場合は、相続時に再計算する扱いが設けられました。

【参考5】改正後の相続時精算課税制度のイメージ

選択後の累積贈与額と相続財産額に対して一体的に課税

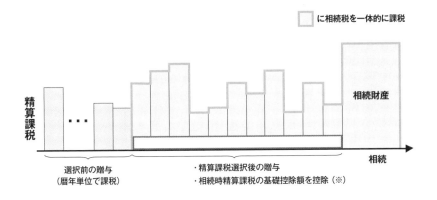

※令和6年1月1日以後の贈与のみ。

出典：「もっと知りたい税のこと」（令和5年7月・財務省）17頁

　これら贈与税に関する税制改正は令和6年1月1日施行されます。

　改正後の相続時精算課税の例示と暦年課税との比較は【参考6】のように

なります。

【参考6】 相続時精算課税の例示と暦年課税との比較 (令和6年1月1日以後)

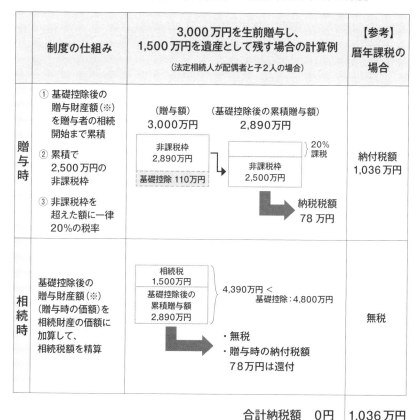

合計納税額　0円 | 1,036万円

※令和5年12月31日以前の贈与に基礎控除は適用されない。

出典：「もっと知りたい税のこと」(令和5年7月・財務省)17頁

4 相続税対策として効果のある生前贈与とは

　令和5年度税制改正により、令和6年以降、生前贈与対策は見直しを迫られます。しかし、改正後も相続税対策として効果のある生前贈与を地道に行うことは無駄な税金を払わないことに繋がります。相続税対策に「裏」などありません。正攻法で活用できる以下の制度をうまく使うことが対策のポイントになります。

① 年間「110万円」の暦年課税の基礎控除を毎年活用して連年贈与を行う。
② 下の世代へ、かつ、できるだけ多くの人に生前贈与する。
③ 次に示す生前贈与の非課税特例を活用する。
　● 贈与税の配偶者控除
　● 教育資金の一括贈与
　● 住宅取得資金の贈与
　● 結婚・子育て資金の贈与

　非課税特例のうち「教育資金の一括贈与」は医師・歯科医師の後継者育成という観点で是非活用を検討したいものです。この特例は、令和5年3月31日までの時限措置であったものが3年間延長され令和8年3月31日まで使えることになりました。直系尊属から30歳未満の子・孫・ひ孫への教育費を一括贈与した場合、受贈者1人につき1,500万円まで贈与税が非課税とされます。令和4年3月末時点の信託利用実績は、契約件数25万2,090件、信託財産設定額約1兆8,814億円となっています。特に祖父、祖母から孫への贈与が効果的といえるでしょう。

　あわせて、高齢社会が進展する現状では、「相続税対策」だけでなく**「相続対策」**も必要となります。相続対策とは、認知症への備え、遺留分への配慮、遺言書の作成や家族信託の活用など広範囲に及びます。「備えあれば憂いなし！」、税金対策と並行してこれらも検討してはいかがでしょうか。

暦年課税と精算課税、改正後はどっちを選ぶ？

1 相続税と贈与税の一体課税

　令和4年度税制改正大綱に、「わが国では、相続税と贈与税が別個の税体系として存在しており、贈与税は、相続税の累進回避を防止する観点から高い税率が設定されている。このため、将来の相続財産が比較的少ない層にとっては、生前贈与に対し抑制的に働いている面がある一方で、相当に高額な相続財産を有する層にとっては、財産の分割贈与を通じて相続税の累進負担を回避しながら多額の財産を移転することが可能となっている。」そこで今後、「相続税と贈与税をより一体的に捉えて課税する観点から、現行の相続時精算課税制度と暦年課税制度のあり方を見直すなど、格差の固定化防止等の観点も踏まえながら、資産移転時期の選択に中立的な税制の構築に向けて、本格的な検討を進める。」と記述されました（イメージは【図表1】参照）。

【図表1】 わが国の相続税と贈与税の関係

● 贈与税は、相続税の累進回避を防止する観点から、相続税よりも高い税率構造となっている。

● 実際、**相続税がかからない者や相続税がかかる者であってもその多くの者**にとっては、相続税の税率よりも**贈与税の税率の方が高い**ため、**若年層への資産移転が進みにくい**。

● 他方、相続税がかかる者の中でも相続財産の多いごく一部の者にとっては、相続税の税率よりも贈与税の税率の方が低いため、財産を分割して贈与する場合、相続税よりも低い税率が適用される。

➡ 生前贈与でも相続でもニーズに即した資産移転が行われるよう、相続・贈与に係る税負担を一定にしていくため、「**資産移転の時期の選択により中立的な税制**」を構築していく必要。

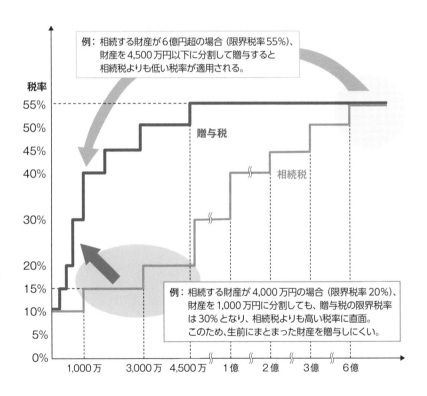

例： 相続する財産が6億円超の場合（限界税率55％）、財産を4,500万円以下に分割して贈与すると相続税よりも低い税率が適用される。

例： 相続する財産が4,000万円の場合（限界税率20％）、財産を1,000万円に分割しても、贈与税の限界税率は30％となり、相続税よりも高い税率に直面。このため、生前にまとまった財産を贈与しにくい。

（備考） 横軸において、贈与税は「課税価格（取得財産－基礎控除額）」を、相続税は「各法定相続人の法定相続分相当額（課税遺産総額を法定相続分で按分した額）」を指す。

出典：財務省第22回税制調査会（令和4年11月8日）資料

これにより「相続税と贈与税の一体課税」という言葉に注目が集まり、具体的にどうなるのか、いつからか、対策はどうすればいいのか等々世の中はかまびすしい状況になりました。

2 生前贈与に対する2つの課税方式

生前贈与に対する贈与税の課税方式は「暦年課税方式（以下「**暦年課税**」という。）」と「相続時精算課税方式（以下「**精算課税**」という。）」の2つで、その概要は【**参考1**】のとおりです（135ページも参照）。

【**参考1**】 贈与税の概要

● 贈与税は、個人から贈与により財産を取得した個人に対して、その財産の取得の時における時価を課税価格として課される税で、相続税の補完税としての性格を持つ。

暦年課税	相続時精算課税
計算方法 1年間に贈与により取得した財産の合計額から基礎控除額を控除した残額について、累進税率を適用	**計算方法** 1年間に贈与により取得した財産の合計額から特別控除額を控除した残額について、一定の税率を適用 贈与者が死亡した場合には、相続財産と贈与財産を合算して相続税額を計算
・基礎控除　　110万円 ・税率　　　　10%～55%の累進税率 　　　　　　　（8段階） 　　　　　　　※直系尊属から18歳以上の者へ 　　　　　　　　の贈与については累進緩和	・特別控除　　累積で2,500万円 ・税率　　　　20% ・適用要件　　贈与者：60歳以上 　　　　　　　受贈者：18歳以上の 　　　　　　　　　　　　推定相続人・孫
課税状況 ・課税件数　　36.4万件 ・贈与財産額　　1.4兆円 ・納付税額　　2,188億円	**課税状況** ・課税件数　　4.0万件 ・贈与財産額　　0.7兆円 ・納付税額　　599億円

(注) 課税状況の計数は、令和2年分「国税庁統計年報書」による。

出典：財務省第22回税制調査会（令和4年11月8日）資料

毎年活発に生前贈与がされていますが、平成15年度税制改正で創設された精算課税によって課税件数及び贈与額が増加しました。しかし、精算課税による贈与額・課税件数は、暦年課税による贈与額・課税件数と比較して、減少傾向にあります。

税制上、暦年課税から精算課税へは納税者の選択で移ることができますが、精算課税を一度選択すると暦年課税に戻ることはできません。この、後戻りできない点は重要なポイントです。

精算課税の特徴を一覧にしたのが【参考2】です。導入は小泉政権時代の平成15年度で、資産の早期の世代間移転を促進するための税制の構築が目的でした。

【参考2】精算課税の特徴

- 次世代への早期の資産移転及び友好活用を通じた経済社会の観点から、**平成15年度に導入**
- 暦年課税との選択制
- 具体的な仕組み
  ① **贈与時に、暦年課税よりも軽減・簡素化された贈与税を納付**
  　　・贈与額2,500万円までは非課税
  　　・2,500万円を超えた部分に一律20％課税
  ② **相続時に、贈与額を相続財産に加算して相続税を計算し、贈与時に納付した贈与税額は相続税額から控除**※

  ※控除しきれない金額があれば還付

出典：財務省第22回税制調査会（令和4年11月8日）資料

精算課税の2,500万円の特別控除額は非課税枠ではありません。 取り敢えず生前贈与の際には2,500万円までは贈与税をかけないという枠です。そして、生前贈与した財産額は**2,500万円の特別控除部分も含めて相続税の計算時に精算**する（相続税を課税する）という制度です。2,500万円を超えた贈与額に対しては**20％の税率**で贈与税が計算され、これを仮払いします。

仮払いした贈与税は相続時に精算される仕組みです。精算課税の贈与時・相続時の計算例を暦年課税との比較でみると【参考3】のようになります。

【参考3】 精算課税の贈与時・相続時の計算例（暦年課税との比較含む。）

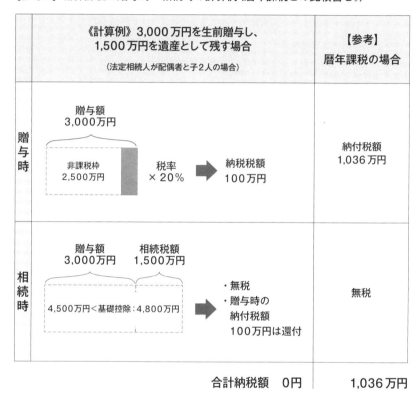

	《計算例》3,000万円を生前贈与し、1,500万円を遺産として残す場合 （法定相続人が配偶者と子2人の場合）	【参考】暦年課税の場合
贈与時	贈与額3,000万円　非課税枠2,500万円　税率×20%　➡　納税税額100万円	納付税額1,036万円
相続時	贈与額3,000万円　相続税額1,500万円　4,500万円＜基礎控除：4,800万円　➡　・無税　・贈与時の納付税額100万円は還付	無税
	合計納税額　0円	1,036万円

(注1) 相続時精算課税制度を選択できる場合（暦年課税との選択制）
　　　贈与者：60歳以上の者　受贈者：18歳以上の推定相続人及び孫
(注2) 精算課税を選択した場合、暦年課税の基礎控除（毎年110万円）の適用は受けられない。

出典：財務省第22回税制調査会（令和4年11月8日）資料を一部加工

【参考3】の事例では、生前贈与した財産額（3,000万円）と相続時の遺産額（1,500万円）の合計が4,500万円で、これが財産総額という想定です。これに対し、相続税の基礎控除額は4,800万円（3,000万円＋600万円×法定相続人の数3人）となります。その結果、生前贈与額を精算する相続税の計算の際は以下のようになります。

贈与・相続の財産総額　　相続税の基礎控除額
4,500万円　＜　4,800万円

　財産総額が基礎控除額に満たないため相続税の納税額は「0円」になります。そして、**生前の大型贈与の実行時に仮払いした贈与税額100万円は相続税計算時に精算され相続税申告で還付**されます。

　これに対し暦年課税は、3,000万円もの大型贈与のため贈与時点で急勾配の超過累進税率（159ページ参照）の洗礼を浴びて1,036万円もの贈与税を納めることになります。両方を比較すると**この事例では精算課税に軍配があがる**ことになります。

▶ **仮に、暦年課税贈与が相続前3年の間にされたとしたならば…**

　【参考3】の事例で、暦年課税の生前贈与が相続前3年間（令和5年度税制改正で令和6年1月1日以後、7年間に延長、経過措置あり。135ページ参照）のうちにされたのであれば、生前贈与の3,000万円が相続税の計算過程で「生前贈与加算」として相続財産にプラスされて相続税が計算され、1,036万円の先払いした贈与税額が「贈与税額控除」として相続税額から控除されることになります。しかし、贈与税額控除は相続税額を限度に控除されるだけで還付されることはありません。

3　相続税計算と2つの課税方式の関係

　相続税の補完税としての性格を持つ贈与税ですが、暦年課税と精算課税について、「補完の期間」をみると暦年課税は**「相続前3年間の贈与のみ」**相

続財産額に加算して相続税の計算をしてきました。これに対し、精算課税は
「精算課税選択後の累積贈与額すべて」 を相続財産と一体で相続税の計算を
します。結果、税負担について、精算課税は資産移転の時期に中立となりま
すが、暦年課税は「中立でない」方法となります（**【図表2】**）。中立的な税制
を構築する観点でみると精算課税が優れていることになります。

【図表2】 中立的でない暦年課税、中立的な精算課税

① 贈与税と相続税は別体系で、
② 相続前3年間の贈与のみ相続財産額に加算して相続税を課税

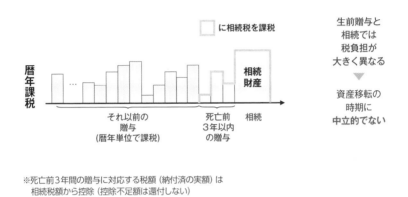

※死亡前3年間の贈与に対応する税額（納付済の実額）は
　相続税額から控除（控除不足額は還付しない）

① 贈与税と相続税は別体系だが、
② 選択後の累積贈与額と相続財産額に対して一体的に課税

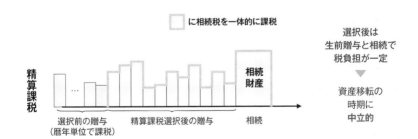

※選択後の累積贈与分に対応する税額（納付済の実額）は
　相続税額から控除（控除不足額は還付）

出典：財務省第22回税制調査会（令和4年11月8日）資料を一部加工

4 中立的な税制の構築を目指して課税方法を改正

(1)令和5年度税制改正の概要

　令和5年度税制改正では「資産移転の時期の選択により中立的な税制の構築」を実現するために精算課税と暦年課税に【参考4】に掲げる改正が行われ、令和6年1月1日から施行されます。

【参考4】

〈相続時精算課税制度〉

- 暦年課税と相続時精算課税の選択制は引き続き維持する。

- 相続時精算課税で受けた贈与については、暦年課税の基礎控除とは別途、毎年、110万円まで課税しない。
  ※複数の特定贈与者から贈与を受けた場合は、それぞれの贈与額に応じ按分する。

- 相続時精算課税で受贈した土地・建物が、災害により一定以上の被害を受けた場合は、相続時に再計算する取扱いを設ける。

〈暦年課税における相続前贈与の加算〉

- 相続開始前贈与の加算期間（現行は相続開始前3年）を7年に延長する。
  ※2024（令和6）年1月以降に受けた贈与について、加算期間の延長を適用する。
  　（2027（令和9）年1月以降、加算期間は順次延長。加算期間が7年となるのは2031（令和13）年1月以降。）

- 延長した4年間に受けた贈与については、総額100万円まで相続財産に加算しない。

出典：財務省資料より

　左記の【図表2】に令和5年度の改正点を加筆したものが【図表3】です。

【図表3】令和5年度改正後の精算課税と暦年課税

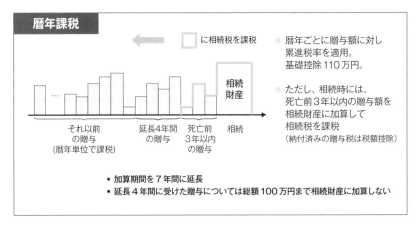

暦年課税

☐ に相続税を課税

相続財産

それ以前の贈与（暦年単位で課税）　延長4年間の贈与　死亡前3年以内の贈与　相続

- 暦年ごとに贈与額に対し累進税率を適用。基礎控除110万円。
- ただし、相続時には、死亡前3年以内の贈与額を相続財産に加算して相続税を課税（納付済みの贈与税は税額控除）

• 加算期間を7年間に延長
• 延長4年間に受けた贈与については総額100万円まで相続財産に加算しない

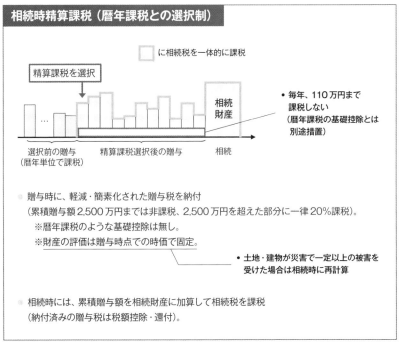

相続時精算課税（暦年課税との選択制）

☐ に相続税を一体的に課税

精算課税を選択

相続財産

選択前の贈与（暦年単位で課税）　精算課税選択後の贈与　相続

• 毎年、110万円まで課税しない（暦年課税の基礎控除とは別途措置）

○ 贈与時に、軽減・簡素化された贈与税を納付
（累積贈与額2,500万円までは非課税、2,500万円を超えた部分に一律20％課税）。
　※暦年課税のような基礎控除は無し。
　※財産の評価は贈与時点での時価で固定。

• 土地・建物が災害で一定以上の被害を受けた場合は相続時に再計算

○ 相続時には、累積贈与額を相続財産に加算して相続税を課税
（納付済みの贈与税は税額控除・還付）。

出典：財務省資料より

（2）精算課税の改正点

　改正後も暦年課税と精算課税の選択制は引き続き維持されますが、中立的な税制である精算課税の使い勝手を向上させて、納税者が必要に応じて同制度を利用できるよう「**一定の少額（毎年110万円）以下は課税しない**」措置が講じられました。改正前は、精算課税を選択すると「少額なプレゼント」までも把握して相続時に精算が必要であったものが、毎年合計110万円以下の少額な贈与財産は相続時の精算が不要となります。精算課税なのに精算不要な部分（＝非課税部分）があることは納税者目線では魅力的に感じるでしょう。また、少額贈与に係る申告や記録管理の事務負担も軽減されるため精算課税の使い勝手は確実に向上すると思います。

▶令和5年以前に精算課税を選択した者への基礎控除の適用

　改正により精算課税に設けられた年110万円の基礎控除は、令和6年1月1日以後の贈与に係る贈与税又は相続税について適用されます。この基礎控除は、令和5年以前に精算課税を選択した者についても令和6年以降適用されます。従って、改正前後で同一の贈与者から贈与を受けている場合には、相続財産に加算する贈与財産の価額は次のように変化します。

令和5年以前の贈与	贈与財産の合計額
令和6年以後の贈与	毎年の贈与財産の合計額－年110万円

　また、「土地、建物」が、「災害」で、贈与日から贈与者の死亡に係る相続税の申告期限までの間に、一定以上の被害を受けた場合には相続時に再計算が認められることになりました。改正前は、精算課税を選択後に贈与を受けた財産は相続開始時点で消滅していても「贈与時点の価額」を相続財産にプラスして相続税を計算することとされていました。例えば、精算課税で贈与された土地・建物が河川の増水や土砂崩れで完全に滅失した場合でも贈与時点の価額が相続財産にプラスされ相続税の課税対象となっていたわけです。これが、令和6年1月1日以降は、災害で一定以上の被害を受けた場合には加算額の再計算（＝減額）ができることになります。残念なことに、近年、全

国で災害が頻発しています。精算課税上救済措置が設けられたことは民意を反映した改正といえるのではないでしょうか。なお、令和5年以前の改正前に精算課税を適用して贈与を受けた土地、建物も令和6年以降の災害で被災すればこの改正の対象とされます。

▶精算課税における「災害特例」の留意点

- 対象となる災害は「震災、風水害、火災、冷害、雪害、干害、落雷、噴火その他の自然現象の異変による災害及び鉱害、火薬類の爆発その他の人為による異常な災害並びに害虫、害獣その他の生物による異常な災害」とされています。

- 災害特例の適用対象となる被害の程度は次のとおりです。

土地	$\dfrac{\text{被災価額（贈与時の価額が限度）}}{\text{贈与時の価額}}$ $\geq$ 10%
建物	$\dfrac{\text{被災価額（想定価額が限度）}}{\text{想定価額}}$ $\geq$ 10%

- 令和6年1月1日以後に贈与を受けた土地、建物の災害特例適用後の加算対象額は次のようなイメージになります。

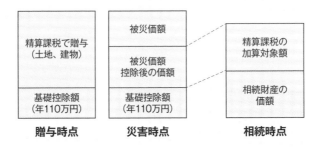

- 災害特例の対象となる土地・建物は、精算課税適用者が贈与日から災害発生日までの間引き続き所有していることが適用要件となります。建物については、居住用はもちろん、賃貸用であってもこの要件に合えば災害特例の対象とされます。

- 災害特例を受けるためには、精算課税適用者が所轄税務署長の承認を受けることが必要です。そのためには、一定事項を記載した申請書を災害発生日から3年経過日までに所轄税務署に提出しなければなりません。

（3）暦年課税の改正点

　これに対し、暦年課税は、**「相続前7年間の贈与財産」**が相続財産に加算されるように改められました。改正前は「3年間」でしたので加算期間が4年間延長されたことになります。

　なお、実務的には令和6年（2024年）1月1日以降に受けた贈与について、相続前贈与の加算期間が延長されます。そのため、加算期間は令和9年（2027年）1月1日から順次延長され、7年以内の贈与が加算される完全移行は令和13年（2031年）1月1日以降となります（**【図表4】**参照）。

【図表4】 相続前贈与の加算期間の見直しに伴う経過措置のイメージ

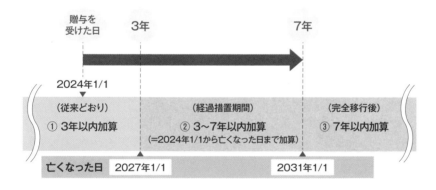

- **2024（R6）年1月1日以降に受けた贈与**について、**相続前贈与の加算期間の延長を適用**する。
  - ➡ 相続前贈与の加算期間は、3年後の2027（R9）年1月1日から、順次延長されたこととなる。

贈与を受けた日　3年　7年

2024年1/1

（従来どおり）　　　（経過措置期間）　　　（完全移行後）
① 3年以内加算　② 3〜7年以内加算　③ 7年以内加算
　　　　　（=2024年1/1から亡くなった日まで加算）

亡くなった日　2027年1/1　2031年1/1

【①の例】 2026年7/1に亡くなった場合、相続前贈与の加算の対象は、2023年7/1以降に受けた贈与（=3年間）

【②の例】 2028年1/1に亡くなった場合、相続前贈与の加算の対象は、2024年1/1以降に受けた贈与（=4年間）

【③の例】 2031年7/1に亡くなった場合、相続前贈与の加算の対象は、2024年7/1以降に受けた贈与（=7年間）

出典：財務省資料より

また、「**延長された4年間に受けた贈与については総額100万円まで相続財産に加算しない**」措置が設けられます。納税者に配慮したつもりの措置でしょうが「総額100万円」とはなんとも小振りな印象は否めません。

5　暦年課税と精算課税、改正後はどっちを選ぶ?

(1) 精算課税の本質

　令和5年度税制改正では、精算課税の使い勝手をよくして魅力的にし、かつ、暦年課税の課税を強化しました。それでは、改正後は精算課税を選択すべきなのでしょうか。筆者は一概にそうは思いません。

　精算課税は贈与時点より評価が下がった財産も「贈与時点の価額」で評価が固定され相続財産にプラスされます。土地・建物については、災害以外の事由で贈与財産が滅失しても「贈与時点の価額」が相続税の対象とされます。また、2,500万円の特別控除額は非課税枠ではありません。さらには、選択後は暦年課税に後戻りできません。年110万円の基礎控除(=非課税枠)が設けられましたが「少額」であるとともに暦年課税の基礎控除額と同額です。以上のような精算課税の本質は理解しておく必要があります。

　精算課税は、【**参考3**】の事例のように「贈与・相続の財産総額<相続税の基礎控除額」という場合には実質無税で早期に若年世代へ大型贈与が実行できるため、期待どおりの効果を発揮します。また、莫大な医療法人の持分評価(相続税評価額)が瞬間的に下がった(例えば、極論ゼロ評価となった)際に精算課税贈与を行えば、評価額が固定されるので相続税対策には大きな効果が得られます。このような特徴も理解したうえで選択の可否を判断することになります。

(2) 暦年課税による「健康寿命贈与プラン」

「相続税の申告から見た被相続人の年齢構成比」という財務省資料があります（【図表5】参照）。

【図表5】相続税の申告から見た被相続人の年齢構成比

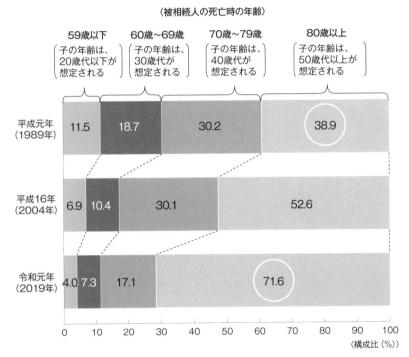

● 被相続人の高齢化が進んだ結果、「老老相続」が増加し、相続による若年世代への資産移転が進みにくい状況

〈被相続人の死亡時の年齢〉

59歳以下	60歳〜69歳	70歳〜79歳	80歳以上
子の年齢は、20歳代以下が想定される	子の年齢は、30歳代が想定される	子の年齢は、40歳代が想定される	子の年齢は、50歳以上が想定される

平成元年（1989年）　11.5　18.7　30.2　38.9

平成16年（2004年）　6.9　10.4　30.1　52.6

令和元年（2019年）　4.0　7.3　17.1　71.6

0　10　20　30　40　50　60　70　80　90　100
〈構成比（%）〉

(注) 主税局調べ。

出典：財務省第22回税制調査会（令和4年11月8日）資料

この資料より相続税の申告実態をみると、被相続人の死亡時の年齢が80歳以上の者の比率は平成元年（1989年）38.9%、平成16年（2004年）52.6%、令和元年（2019年）71.6%と確実に上昇しています。これは高齢

社会が進展し、被相続人の高齢化が進んだ結果、相続による資産の世代間移転の時期がより高齢期にシフトしていることを表しています。

内閣府の「令和4年版高齢社会白書」では、「健康寿命（日常生活に制限のない期間）」は、毎年伸びる傾向にあり、令和元年時点で男性が72.68年、女性が75.38年となっています。例えば、平成22年と令和元年の健康寿命の差は男性2.26年、女性1.76年延びているという状況です。ちなみに、平均寿命も延びており、令和元年時点の「平均寿命」は男性が81.41年、女性が87.45年となっています（健康寿命と平均寿命の推移は【図表6】参照）。

【図表6】 健康寿命と平均寿命の推移

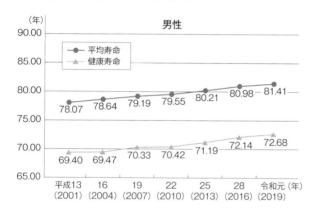

資料：
平成13・16・19・25・28年・令和元年は、厚生労働省「簡易生命表」、平成22年は「完全生命表」

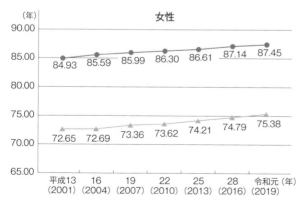

資料：
厚生労働省「第16回健康日本21（第二次）推進専門委員会資料」

出典：内閣府ホームページ「令和4年版高齢社会白書」より

一般的には、平均寿命と健康寿命の差の期間が医療や介護等を必要とする期間と考えられます。この期間が令和元年では、男性8年余り、女性の場合は12年ほどになります。この8年、12年という期間は、暦年課税で贈与財産が相続財産に加算される「相続前7年間」の期間より長い期間となります。

　筆者の経験では、相続税対策として生前贈与を行う場合、健康寿命の期間内がほとんどで、それ以降は行われない（又は行うことができない）場合が多いと思います。なぜなら、日常生活に支障をきたすようになったら手元資金を多く置いておきたいと考えるのが通常で、そうなると生前贈与の意向は萎むわけです。しかも途中で認知症を発症したら生前贈与することはできなくなります。

　データをもとにした一般論ですが、健康寿命を参考に男性は72歳まで、女性は75歳までに相続税対策としての生前贈与を終えておけば、暦年課税の相続前の贈与期間が7年となってもその影響は受けません。もちろん、個別事案にはそれぞれの事情があるでしょうから一概には言えませんが、「健康寿命贈与プラン」と称して「男性72歳・女性75歳」までに暦年課税で生前贈与を終えるタックスプランは実態に合致した現実的なプランであると思いますが、いかがでしょうか。平均寿命までお元気であれば相続税計算の際「生前贈与加算」はされないことになります。

　改正税法施行後の令和6年以降も、「暦年贈与の分岐点（ 22 参照）」の考え方は変わりません。これも参考に「健康寿命贈与プラン」を検討するもの一案と考えます。

(3)長寿社会にマッチした安心プラン

　重篤な病などで余命が推測できる例外を除き相続がいつおきるかを正確に知ることはできません。そのため、高齢になるにつれ「老後の備え」として手元金融資産を多く置きたいと思うのは人情です。この傾向は「年代別金融資産保有残高」の統計に明確に表れています。高齢者が増えていますから高

齢者の持つ金融資産の金額も割合も増加しているのですが、2019年で個人金融資産約1,900兆円のうち60歳代以上が65％（1,200兆円）を持っているそうです。

　一般的には相続財産は金融資産だけではありません。令和3年分の相続税額のある申告書（修正申告書を除く。）データに基づき相続財産の構成比をみると次のようになります。

- 現金、預貯金等34.0％
- 土地（借地権を含む。）33.2％
- 有価証券（医療法人の持分を含む。）16.4％
- 家屋5.1％

　高齢者になった時、頼りになるのは預貯金や上場有価証券などの金融資産で、安心感を得るには欠かせないものです。また、居住用の土地・建物も必要です。利回りの高い賃貸用不動産も金融資産を生み出しますのであれば持ち続けたいものです。これに対し、医療法人の持分やMS法人の株式（非上場株式）、医業用の土地・建物などは早めに後継者等に移して事業承継を進めて行きたいところです。

　仮に暦年課税で「健康寿命贈与プラン」を実行するなら、財産を「手元に残すもの」と「優先して移すもの」に色分けしてタックスプランを作ることが必要になります。評価額が莫大な医療法人の持分を所有している場合には特に慎重にプランを練る必要が出てきます（対策は 16 ～ 25 を参考にしてください。）。

　「健康寿命贈与プラン」を実行して数年後に相続が開始し、相続時に手元財産が残っていた場合、その評価額が相続税の基礎控除額以下であれば相続税は課税されません。例えば、配偶者と子2人が相続人であれば4,800万円が基礎控除額で、この金額まで財産が残っていても相続税は課税されません。

仮に基礎控除額を超える財産が残った場合でも、財産が金融資産や居住用不動産、利回りの高い賃貸用不動産であれば相続人が財産相続に際して困ることはほとんどないでしょう。

　2040年に向けてさらに高齢社会は進み、高齢者になってからの時間は長くなる傾向にあります。税金対策と老後の安心のため暦年課税により健康寿命の期間内に贈与を実行するという筆者の案、一般論として参考になれば幸いです。

22 「暦年贈与」を相続税対策で活用する勘所 〜暦年贈与の分岐点〜

◤1 暦年課税による贈与税計算

　相続税対策としての生前贈与は、一般的には暦年課税制度により行われる場合が多いと思います。

　暦年課税制度による贈与税の計算は、受贈者が、その年1月1日から12月31日までの間に贈与によりもらった財産の価額を合計し、その合計額から基礎控除額「110万円」を差し引いて、その残額に贈与税の税率を乗じて計算します。

【贈与税の計算式】

（1年間の贈与で取得した財産額−110万円）× 贈与税の税率

　したがって、年間110万円以下の贈与であれば贈与税はかからないことになります。

　贈与税の税率は相続税と同様に超過累進税率（課税対象額の増加に応じて増加部分に順次高い税率を課していく税率）を採用しています。

　税率は10％〜55％で相続税と同じですが、贈与税が相続税を補完するための税（注）であるため累進税率の勾配は相続税より急になっています（【図1】参照）。

（注）贈与税は相続税の補完税
　　　相続時に相続税がかからないようにするため生前に子などにあらかたの財産を贈与してしまうことが考えられます。そこで、これを防止するため相続税より厳しい勾配の累進税率である贈与税を設けて生前贈与対策の封じ込めをしています。それにより相続税が本来の機能を発揮できるとされています。

【図1】超過累進税率のイメージ

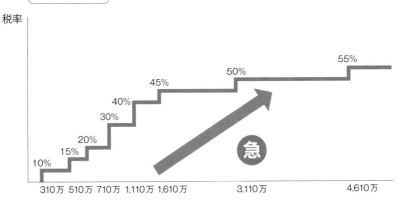

贈与税

税率

55%
50%
45%
40%
30%
20%
15%
10%

急

310万 510万 710万 1,110万 1,610万　3,110万　　　4,610万

年間に贈与を受けた金額（円）

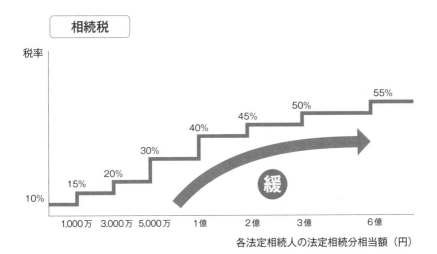

相続税

税率

55%
50%
45%
40%
30%
20%
15%
10%

緩

1,000万 3,000万 5,000万　1億　　2億　　3億　　　6億

各法定相続人の法定相続分相当額（円）

出典：財務省ホームページ　最近における相続税の税率構造の推移の図を一部加工

159

なお、平成27年以降の贈与税の税率は、次のとおり「特例贈与財産」に対する特例税率と「一般贈与財産」に対する一般税率に区分され適用されています。

（1）特例贈与財産用（特例税率）

◆ 適用対象

財産の贈与を受けた年の1月1日現在で18歳以上（令和4年3月31日以前20歳）の子や孫が直系尊属（父母や祖父母など）から贈与を受けた場合に適用されます。

◆ 特例税率による贈与税速算表

基礎控除後の課税価格	200万円以下	400万円以下	600万円以下	1,000万円以下	1,500万円以下	3,000万円以下	4,500万円以下	4,500万円超
税率	10%	15%	20%	30%	40%	45%	50%	55%
控除額	—	10万円	30万円	90万円	190万円	265万円	415万円	640万円

◆ 計算例　贈与財産500万円の場合

　　基礎控除後の課税価格：390万円（500万円 － 110万円）

　　贈与税額：48.5万円（390万円 × 15% －10万円）

　　財産額に占める贈与税額の割合（実効税率）：9.7%（48.5万円／500万円）

（2）一般贈与財産用（一般税率）

◆ 適用対象

兄弟間の贈与、夫婦間の贈与、直系尊属から未成年者（贈与年1月1日現在18歳未満の子・孫）への贈与、第三者間の贈与に適用されます。

◆ 一般税率による贈与税速算表

基礎控除後の課税価格	200万円以下	300万円以下	400万円以下	600万円以下	1,000万円以下	1,500万円以下	3,000万円以下	3,000万円超
税率	10%	15%	20%	30%	40%	45%	50%	55%
控除額	―	10万円	25万円	65万円	125万円	175万円	250万円	400万円

◆ 計算例　贈与財産500万円の場合

基礎控除後の課税価格：390万円　（500万円 － 110万円）

贈与税額の計算：53万円（390万円 × 20% －25万円）

財産額に占める贈与税額の割合（実効税率）：10.6%（53万円／500万円）

2　相続税対策としての生前贈与の目安

相続税対策としての生前贈与は、「直系尊属（父・母、祖父母）」から「直系卑属（子、孫、ひ孫）」へ財産を贈与するのが一般的です。同世代である夫婦間での贈与は相続税対策としての効果はあまりないと考えられます。

ところで、「相続税の負担率と贈与税の負担率の比較」について財務省・主税局の調べによる驚くべきデータがありました（【図2】参照）。

【図2】相続税の負担率と贈与税の負担率の比較

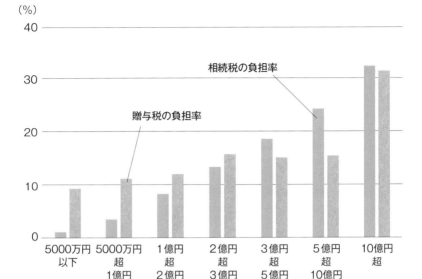

(参考) 相続税がかかる被相続人のうち、財産が3億円以下の者は約93％。

(備考) 令和元年分の相続税の申告データ及び過去一定期間（平成24年分から平成30年分まで）の
贈与税の申告データを基に作成。
相続税の負担率＝（贈与税額控除を足し戻した実質的な相続税の負担額）÷相続税の課税価格、
贈与税の負担率＝贈与税額÷贈与税の課税価格

(出典) 主税局調べ。

出典：財務省資料より

　【図2】は、令和元年分の相続税の申告について、過去一定期間（平成24年分～平成30年分）当該相続税の申告対象となった者の生前贈与を洗い出し、「相続税の負担率」と「贈与税の負担率」を比較したものです。その結果、次のように結論付けています。

- 相続税がかかる者であってもその多くの者にとっては、贈与税の負担率が相続税の負担率を上回っている。
- 相続税がかかる者の中でも相続財産の多いごく一部の者にとっては、贈与税の負担率が相続税の負担率を下回っている。

【図2】では、被相続人の遺産総額（相続税の課税価格）が3億円以下の場合、すべての階層で

相続税の負担率　＜　贈与税の負担率

となっています。つまり贈与した財産に対する税負担率が相続した財産の税負担率を上回っているという結論です。これでは単純に考えると「相続税対策としての生前贈与は失敗！」となります。しかもこのデータ抽出においては「相続税がかかる被相続人のうち、財産が3億円以下の者は約93％」であったと記述されています。これは衝撃でした。

対して、遺産総額が3億円を超える階層では

相続税の負担率　＞　贈与税の負担率

となり、「相続税対策としての生前贈与は成功！」しています。しかし、遺産総額が10億円を超える層になると、相続税も贈与税も累進税率の高い部分が適用されるため負担率の差が僅差となっていることが見て取れます。

それでは具体的に効果のある相続税対策としての生前贈与はいくらを限度（又は目安）にすればいいのでしょうか。

【表1】は「贈与金額、贈与税、実効税率（負担率）」を取り上げています。これをもとに限度額（目安）を検討してみます。

【表1】贈与金額、贈与税、実効税率（負担率）

特例贈与			一般贈与		
贈与金額	贈与税	実効税率（負担率）	贈与金額	贈与税	実効税率（負担率）
110万円	0円	0%	110万円	0円	0%
200万円	9万円	4.5%	200万円	9万円	4.5%
300万円	19万円	6.3%	300万円	19万円	6.3%
400万円	33.5万円	8.4%	400万円	33.5万円	8.4%
500万円	48.5万円	9.7%	500万円	53万円	10.6%
1,000万円	177万円	17.7%	1,000万円	231万円	23.1%
1,500万円	366万円	24.4%	1,500万円	450.5万円	30.0%

　まず、生前贈与による相続税対策を行う前には必ず相続税を算出する必要があります。相続税がいくらなのか、相続税の限界税率は何%なのか、これらを確認したうえで贈与の金額を決めていきます。当たり前ですが、**相続税がかからない方に税金対策としての生前贈与は必要ありません。**

　【表2】は配偶者と子が法定相続分どおりに相続財産を取得した場合の相続税額の早見表です。配偶者が財産の2分の1を相続して「配偶者の税額軽減（注）」を目一杯活用しているため配偶者には相続税はかかりません。

（注）配偶者の税額軽減とは
　　　配偶者の税額軽減とは、配偶者が相続する財産について、次の金額のうちいずれか高い金額まで相続税が課税されない制度です。
　　　・1億6,000万円
　　　・配偶者の法定相続分相当額（配偶者と子が相続人の場合は1/2が法定相続分となります。）

　　　この制度は配偶者が遺産分割などで実際に取得した財産を基に計算されることになっているため、相続税の申告期限までに分割されていない財産は税額軽減の対象になりません。
　　　また、この特例により相続税額がゼロとなった場合でも相続税の申告が必要になります。
　　　配偶者の税額軽減の金額は次の算式で計算されます。
　　　相続税の総額 ×（①又は②のいずれか低い金額）／課税価格の合計
　　　① 1億6,000万円と配偶者の法定相続分相当額のいずれか高い金額
　　　② 配偶者の課税価格

【表2】相続税額の早見表

課税価格	配偶者 子ども1人	配偶者 子ども2人	配偶者 子ども3人	配偶者 子ども4人
5,000万円	40万円	10万円	0円	0円
6,000万円	90万円	60万円	30万円	0円
7,000万円	160万円	113万円	80万円	50万円
8,000万円	235万円	175万円	138万円	100万円
9,000万円	310万円	240万円	200万円	163万円
1億円	385万円	315万円	262万円	225万円
1.5億円	920万円	747万円	665万円	587万円
2億円	1,670万円	1,350万円	1,217万円	1,125万円
2.5億円	2,460万円	1,985万円	1,800万円	1,687万円
2.7億円	2,860万円	2,335万円	2,090万円	1,938万円
3億円	3,460万円	2,860万円	2,540万円	2,350万円
5億円	7,605万円	6,555万円	5,962万円	5,500万円
8.5億円	1億6,000万円	1億4,248万円	1億3,260万円	1億2,300万円
9.7億円	1億9,000万円	1億7,098万円	1億5,960万円	1億4,975万円
10億円	1億9,750万円	1億7,810万円	1億6,635万円	1億5,650万円

相続人が配偶者と子どもの場合の相続税の早見表

【事例1】

- 相続人：配偶者と子（全員18歳以上）3人
- 相続財産（基礎控除前）3億円
- 基礎控除額：5,400万円（3,000万円＋600万円×4人）
- 相続税額：2,540万円（【表2】相続税額の早見表より）

この場合で、相続税対策として、子3人に1,000万円ずつ生前贈与を行った。

- 相続財産（基礎控除前）2億7,000万円（3億円－1,000万円×3人）
- 相続税額：2,090万円（【表2】相続税額の早見表より）
- 贈与財産（基礎控除前）1,000万円（×3人）
- 贈与税：1人当たり177万円（【表1】より）
  3人合計で531万円
- 税負担合計（相続税＋贈与税）：2,621万円
  ➡ 生前贈与前の税金2,540万円＜生前贈与後の税金合計2,621万円

【事例1】

配偶者＋子3人		贈与前		贈与後	
相続財産		300,000,000		270,000,000	
基礎控除	4人	54,000,000	限界税率	54,000,000	限界税率
相続税	配	32,200,000	40%	26,200,000	40%
	子	18,600,000	20%	15,600,000	20%
	計	50,800,000	30%	41,800,000	30%
	配軽減	－ 25,400,000	－ 15.0%	-20,900,000	－ 15.0%
	納税額	25,400,000	15.0%	20,900,000	15.0%
贈与 1000万円×3人				30,000,000	実効税率
贈与税（3人合計）				5,310,000	17.7%
相続税＋贈与税		25,400,000		26,210,000	不利

　【事例1】では生前贈与後の税金（2,621万円）が生前贈与前の税金（2,540万円）を上回るため、子に1,000万円ずつ贈与をしたことが不利になっています。

　【事例1】をもとに相続税対策としての生前贈与の有利不利（生前贈与の分岐点）の考え方を整理します。

　【事例1】では

- 贈与前は相続税が2,540万円である。
- 3,000万円の生前贈与後には相続税額が2,090万円と450万円減少している。
- この事例の「**相続税の限界税率**」は「**15%**[※1]」となる。
  ※1　450万円（相続税減額）÷3,000万円（課税価格の減少額）＝15%

- 子3人に1,000万円ずつ生前贈与した際の贈与税は1人当たり177万円となる。「**実効税率（負担率）**」は「**17.7%**[※2]」となる。

  ※2　177万円（贈与税額）÷1,000万円（贈与された財産額）＝17.7%
  　　3人合計の場合も同様となる。
  　　531万円（贈与税額）÷3,000万円（贈与された財産額）＝17.7%

　結論として、【事例1】の場合で、生前贈与をしたことが「不利」になった理由は、生前贈与の実効税率が相続税の限界税率を上回っているためです。暦年課税による生前贈与を相続税対策として行う際は「**贈与税の実効税率が相続税の限界税率を下回る**」ように贈与する財産額を決めなければなりません。その際のポイントは次の2つに集約されます。

ポイント1　相続税の限界税率を計算する！

　「相続税の限界税率」とは、「課税価格（遺産総額）の増減に対する相続税額の増減の割合」をいいます。暦年課税による生前贈与を相続税対策として行う場合には、**生前贈与した財産額（課税価格の減少額）を減少する相続税額で除して計算した割合**を指します。

$$\frac{減少する相続税額}{生前贈与した財産額（課税価格の減少額）} = 相続税の限界税率$$

　限界税率は適用される相続税の累進税率の最高税率と等しくなる場合が多いですが、課税価格（遺産総額）の増減で税率表のランクが変わる場合には限界税率と適用される最高税率は一致しないことになります。実務上は実際に計算して算定することが望まれます。

ポイント2　 贈与税実効税率＜相続税限界税率 とする！

　贈与税の実効税率は【表1】を参照。

【事例1】に合わせて贈与税の実効税率を計算すると右のようになります。

贈与額	実効税率
900万円	16.3%
850万円	15.5%
820万円	15%
800万円	14.6%

仮に子1人に対し年間820万円の生前贈与を行ったと仮定しても相続税の限界税率は15%のままで変わりません。したがって、【事例1】の場合で、相続税対策になるように生前贈与を行う場合には、820万円を下回る贈与金額を目安にすることが必要となります。

【事例2】

- 相続人：配偶者と子（全員18歳以上）3人
- 相続財産（基礎控除前）10億円
- 基礎控除額：5,400万円（3,000万円＋600万円×4人）
- 相続税額：1億6,635万円（【表2】相続税額の早見表より）

この場合で、相続税対策として、子3人に1,000万円ずつ生前贈与を行った。

- 相続財産（基礎控除前）9億7,000万円（10億円－1,000万円×3人）
- 相続税額：1億5,960万円（【表2】相続税額の早見表より）
- 贈与財産（基礎控除前）1,000万円（×3人）
- 贈与税：1人当たり177万円（【表1】より）
    3人合計で531万円
- 税負担合計（相続税＋贈与税）：1億6,491万円
  ➡ 生前贈与前の税金1億6,635万円＞生前贈与後の税金合計1億6,491万円

【事例2】

配偶者＋子3人		贈 与 前		贈 与 後	
相続財産		1,000,000,000		970,000,000	
基礎控除	4人	54,000,000	限界税率	54,000,000	限界税率
相続税	配	194,500,000	50%	187,000,000	50%
	子	138,200,000	40%	132,200,000	40%
	計	332,700,000	45%	319,200,000	45%
	配軽減	− 166,350,000	− 22.5%	− 159,600,000	− 22.5%
	納税額	166,350,000	22.5%	159,600,000	22.5%
贈与 1000万円×3人				30,000,000	実効税率
贈与税（3人合計）				5,310,000	17.7%
相続税＋贈与税		166,350,000		164,910,000	有利

　【事例2】の場合には、相続財産が10億円と多いため相続税の限界税率が22.5%になります。子への1,000万円の生前贈与に対する贈与税の実効税率は17.7%ですから、この生前贈与は相続税対策としての効果を持つことになります。

　ところで、【事例2】の場合で、より積極的に相続税対策を行うため贈与税の実効税率が相続税の限界税率に近づくまで贈与する金額を上げていくとします。この時、贈与税の累進税率が相続税に比べて急勾配である点に注意が必要です。贈与額が多くなるにつれて贈与税の累進の最高税率が40%、45%、50%と急激にアップしていきます。この率が相続税の限界税率を超えるようになると生前贈与に対する贈与税と相続税の合計税額が高額になってしまいます。そこで、贈与税と相続税の合計額を少なくしたいのであれば、贈与の額をある程度抑えることも必要になります。しかし、相続税対策のためにはより多くの財産を贈与しておきたいという場合に検討したいのが「連年贈与」です。

3 連年贈与の活用

　暦年課税による贈与税計算は毎年リセットされます。翌年になれば新たに基礎控除額110万円までが無税となり、累進税率も10%からスタートします。したがって、シンプルですが毎年贈与を繰り返すこと（連年贈与）が相続税対策のコツといえます。例えば、【事例2】のケースで単純に連年贈与の効果をシミュレーションすると次のようになります。

【事例2】における連年贈与の効果

- 相続人：配偶者と子3人（全員18歳以上と仮定）
- 相続財産10億円、相続税額は1億6,635万円

⬇

- 子3人に毎年各500万円の生前贈与を10年間行う。
- 子に生前贈与される総額は1億5,000万円
    500万円（贈与額）×3人×10年＝1億5,000万円
- 子の贈与税の総額は1,455万円。
    48.5万円（贈与税額）×3人×10年＝1,455万円（実効税率9.7%）
- 10年後の相続財産は8億5,000万円で相続税額は1億3,260万円（【表2】相続税額の早見表より）となる。

　（対策の効果）
　　対策前　相続税1億6,635万円
　　対策後　贈与税1,455万円＋相続税1億3,260万円＝1億4,715万円
　　<u>節税額　1,920万円（1億6,635万円−1億4,715万円）</u>
　　※相続税の限界税率22.5%

【事例2】 連年贈与 500万円×3人×10年

配偶者＋子3人		贈　与　前		贈　与　後	
相続財産		1,000,000,000		850,000,000	
基礎控除	4人	54,000,000	限界税率	54,000,000	限界税率
相続税	配	194,500,000	50%	157,000,000	50%
	子	138,200,000	40%	108,200,000	40%
	計	332,700,000	45%	265,200,000	45%
	配軽減	−166,350,000	−22.5%	−132,600,000	−22.5%
	納税額	166,350,000	22.5%	132,600,000	22.5%
贈与500万円×3人×10年				150,000,000	実効税率
贈与税（3人合計）				14,550,000	9.7%
相続税＋贈与税		166,350,000		147,150,000	有利
				19,200,000	節税額

▌4　連年贈与の留意点

　連年贈与は相続税対策としての効果が増します。しかし、親から子へ「毎年500万円ずつ10年間贈与する」などと約束した場合には、民法上「定期の給付を目的とする贈与（定期贈与）」があったとされ、約束したその年に5,000万円（500万円×10年）分に対する贈与税が課税されてしまいます（この場合の贈与税は2,000万円を超えます）。これは絶対に避けなければなりません。そこで、連年贈与が定期贈与とされないように以下に掲げる対応を検討するのはいかがでしょうか。

① 毎年、基礎控除（年110万円）を超える贈与を行い贈与税の申告納税をする。
② 毎年、誕生日など記念日にお祝いの意を込めて贈与する。
③ 毎年、贈与金額を変える。
④ 毎年、贈与財産を変える。
⑤ 毎年、贈与契約書（署名は自署が望ましい。）を作成する（贈与契約書記載例参照）。

【参考】贈与契約書記載例

贈 与 契 約 書

贈与者甲（父）と受贈者乙（子）との間で下記のとおり贈与契約を締結した。

第1条　甲は、その所有する下記の財産を乙に贈与するものとし、乙はこれを受諾した。

　　　現金　　□□円

第2条　甲は、上記財産を令和□年□月□日までに乙の指定する銀行口座に振込みすることとする。

上記契約成立の証として本書を作成し、贈与者、受贈者各1通保有する。

令和△年△月△日

贈与者（住　所）
　　（氏　名）　　　甲　　　（印）
受贈者（住　所）
　　（氏　名）　　　乙　　　（印）

※ 贈与者と受贈者が自分で署名押印すること。

　また、贈与が実際にあった証拠をしっかり残すことも肝心です。現金贈与ならば必ず受贈者名義の銀行口座へ振り込む必要があります。さらに、受贈者の通帳やキャッシュカード、銀行印は受贈者自身が管理することなどがポイントになります。

　特に医療法人の出資持分やMS法人の株式を後継者に贈与する場合には贈与契約書を交わすことはもちろんのことですが、公証役場で贈与契約書に「確定日付」をとったり、社員名簿や株主名簿、法人税申告書別表二（MS法人の場合）などの更新を必ず行うことが必要です。

ところで、暦年贈与により連年贈与された財産については、相続税の計算上「生前贈与加算」制度により、相続開始前3年以内のものは相続税の課税価格に加算され相続税の課税対象とされてきました。これが令和5年度税制改正により、令和6年1月以降の贈与分から「加算期間が7年」に延長されることになりました。具体的には、令和9年1月以降順次延長され、加算期間が7年となるのは令和13年1月以降となります。ただし、延長した4年間に受けた贈与については、総額100万円までは相続財産に加算しない緩和措置もとられます（ 21 参照）。

23 「借金は相続税対策になる」は本当?

▶1 借入れしただけでは相続税対策にならない

あるドクターから「借金は相続税対策になると聞いたので、銀行から３億円を借り入れるのはいかがでしょうか」と相談されました。「その３億円は何に使うのですか」と聞いたところ、「いい物件があれば不動産投資をするつもりですが、しばらくは使うあてがないので定期預金に預けます」とのこと。定期預金に預けると負債（借入金）３億円、資産（預金）３億円が両建てになるので相続税対策にはなりません。それどころか、一般的には借入金の金利のほうが預金金利より高率なので、単純に銀行に貢献するだけの結果となります。

▶2 評価差が相続税対策につながる

医師、歯科医師の中には資金に余裕があり、これを元手に不動産投資をしている方もいます。また、医療法人の理事長が個人で診療所用建物を建築し、これを医療法人に賃貸している場合もあります。

巷間よく耳にするのが「不動産投資を借入金で行うと相続税対策になる」という格言（?）です。

銀行からの借入金で不動産投資をしたケースで考えてみましょう。

相続税計算の際、不動産のうち建物は「固定資産税評価額」で評価し、土地は「路線価」で評価します。その「物」の「相続税評価」が時価より低くなる場合が一般的であるため、そこに「評価差」が生まれ、これが相続税対策につながるというわけです。

▶ 不動産の評価法と時価の概要

- 建物：固定資産税評価額 ➡ 建築価額の50%〜60%程度の評価額
- 土地：路線価 ➡ 時価の80%程度の評価額

※物件によって時価との乖離はかなりの差があります。

具体的に数字をあてはめて「評価差」を算定すると、以下のようになります。

【イメージ1】 3億円の銀行借入金で3億円の賃貸不動産を取得した場合

<pre>
                  不動産時価3億円
銀行借入金 ➡   • 建物（時価1億円） 評価額   5,000万円
▲3億円   • 土地（時価2億円） 評価額   1億6,000万円
                               評価額合計   2億1,000万円
</pre>

借入金 ▲3億円－評価額合計2億1,000万円 ＝ 評価差▲9,000万円
※この段階で評価差▲9,000万円が生じている。

さらに、借地権割合70%、貸家の減額割合30%と仮定すると評価額は
- 建物（貸家）   5,000万円×（1－30%）   ＝3,500万円
- 土地（貸家建付地） 1億6,000万円×（1－70%×30%）＝1億2,640万円
                               評価額合計   1億6,140万円

- 不動産の評価額の合計は1億6,140万円となり、借入金は3億円。評価差
  ▲1億3,860万円が生まれる。
- この評価差を他の相続財産（例：預金）と相殺することが相続税対策となる。

3 本質を見落とすな！

「評価差」が相続税対策につながることは理解できたと思います。

しかし、ここで最も理解しなければならないことは「相続税対策は副産物」
という点です。「主産物」は不動産が優良物件であり、その投資がうまくいく
ことです。家賃で借入金が返済でき、諸経費を賄え、資産形成ができること
が不動産投資の真の目的となります。

不良物件をつかまされて家賃収入があがらず、借入金の返済に自己資金を

投入するようでは、相続人はたまったものではありません。しかも相続後転売して赤字が出たとなると最悪です。

　相続税の超過累進税率の最高は55％です。先ほどの例では評価差が▲1億3,860万円生じていますが、これにより納めずにすむ相続税は最高でも7,623万円（＝1億3,860万円×55％）です。相続財産が少ないと、ここまでの効果はありません。この見返りを受けるためだけに不良資産と数億円の借入金が残ったとしたら悪夢です。相続税対策については「具体的な効果はいくらか」を把握したうえで、不動産は優良物件を手に入れることが重要という本質は見落とさないことが肝心です。

　ところで、優良物件を手に入れて時間が経過すると借入金は通常減ります。家賃収入が入ってくるため、預金残は増加します。これは本来の不動産投資のあるべき姿ですが、結果として相続財産が増えるので、相続税は増加することになります。

　つまり「不動産投資を借入金で行うと相続税対策になる」というのは不動産を手に入れたその瞬間（購入時）が最も効果があり、時間が経つにつれて効果は薄れていくということです。そのことを理解したうえで不動産投資は行わなければなりません。

　また、別件で「3億円の優良不動産を購入する予定ですが、手元資金と銀行借入のどちらを使うのがいいのでしょうか」と相談されたことがあります。【イメージ2】のとおり、銀行借入する場合【イメージ1】と効果は同じです。一般的には「借入金金利＞預金金利」ですから、単純に考えると手元の余剰預金を使うほうが望ましいという結論になります。

【イメージ2】 3億円の「手元資金」で3億円の賃貸不動産を取得した場合

不動産時価3億円

手元の余剰預金 ➡	・建物(時価1億円)	評価額	5,000万円
3億円を投資	・土地(時価2億円)	評価額	1億6,000万円
		評価額合計	2億1,000万円

投資額 ▲3億円-2億1,000万円=評価差▲9,000万円

さらに、借地権割70%、貸家の減額割合30%と仮定すると評価額は
- 建物(貸家) 5,000万円×(1-30%) =3,500万円
- 土地(貸家建付地) 1億6,000万円×(1-70%×30%)=1億2,640万円

評価額合計 1億6,140万円

- 手元の余剰預金3億円が不動産に変わり、その評価額合計は1億6,140万
  円となり評価差▲1億3,860万円が生まれる。

24 きっかけは「タワマン節税」、見直されるマンションの評価方法とは

▌1 タワマン節税に対する最高裁判決の衝撃

　相続税評価額と実勢価額（時価）の乖離が大きいとされるタワーマンション（以下「タワマン」という。）を銀行借入れにより購入して相続税対策をとったが、税務調査で国税当局から「待った」がかかり、最高裁まで争った結果、納税者が敗訴した裁判が税の専門家に衝撃を与えました。その概要は次のとおりです。

〈事案の概要〉

Ⅰ　相続開始の約3年5ヶ月前（1つ目購入）

- 銀行借入金6億3,000万円を使って8億3,700万円のタワマンを購入
- 相続税申告の際の相続税評価額：2億4万円
- 国税当局による不動産鑑定評価額：7億5,400万円 ⎫ 評価差：5億1,400万円

Ⅱ　相続開始の約2年6ヶ月前（2つ目購入）

- 銀行借入金3億7,800万円及び親族借入金4,700万円を使って5億5,000万円のタワマンを購入
- 相続税申告の際の相続税評価額：1億3,366万円
- 国税当局による不動産鑑定評価額：5億1,900万円 ⎫ 評価差：3億8,534万円
- 相続開始8ヶ月後に5億1,500万円で第三者に売却した。

Ⅲ　相続税申告の概要・課税当局の対応・最高裁の判断

- 被相続人が94歳で死去。相続人は、タワマンを税務通達に基づく相続税評価額で評価し、借入金を債務控除して相続税はゼロとして税務申告した。
- 国税当局は、タワマンについて、不動産鑑定評価額をもとに再評価し、相続税約2億4千万円の更正処分と過少申告加算税の賦課決定処分を行った。
- 令和4年4月19日、国税当局の処分の妥当性が争われた訴訟の上告審判決で、

最高裁第3小法廷は国税当局の処分を適法とし、相続人側の上告を棄却した。国税当局の処分を妥当とした一、二審の判断を是認し、相続人側の敗訴が確定した。

　この裁判の争点は、被相続人が亡くなる前に金融機関からの借入れで取得した2つの高額賃貸マンションの評価額についてです。相続税法には「相続や贈与により取得した財産の価額は取得の時における時価」で評価して税金を計算するよう規定されています。この場合の「時価」とはその財産の「客観的な交換価値」とされ、通常は「財産評価基本通達」という国が定めた基準で算出するのが実務上のルールです。「土地」は「路線価」をベースに、「建物」は「固定資産税評価額」をもとに計算します（【図表1】参照）。相続人はこのルールに従い、タワマンの土地は路線価、建物は固定資産税評価額をもとに評価して、購入のための借入金残高と相殺し相続税を0円で申告したわけです。

【図表1】 マンションの一般的な評価方法

① 建物（区分所有建物）の価額 ＝ 建物の固定資産税評価額×1.0	＋	② 敷地（敷地利用権）の価額 ＝ 敷地全体の面積×共有持分×平米単価（路線価等）

出典：第3回「マンションに係る財産評価基本通達に関する有識者会議」資料より

　ただ、財産評価基本通達には、この通達による評価額が、課税上、「著しく不適当」と認められる場合には、国税当局が独自に再評価できるとする例外規定が設けられており、裁判ではこの例外規定の適用の是非が争われ、納税者が敗訴しました。
　裁判では、2つのタワマンのうち1つを相続後すぐに市場で売却したことや、被相続人の年齢や意思、節税額の大きさなども参考とされ、また、融資を受けた銀行の稟議書に「相続対策のため不動産購入を計画。購入資金につき、借入の依頼があった」、「相続対策のため本年1月に6億3千万円の富裕

層ローンを実行し不動産購入。前回と同じく相続税対策を目的として第2期の収益物件購入を計画。購入資金につき、借入の依頼があった」などと書かれていたことなども影響して、「本件のタワマン購入や借入れのような行為をせず、又はすることのできない他の納税者との間の不均衡は看過し難いもので実質的な租税負担の公平に反する」という判断のもと納税者敗訴の判決が下されました。

この最高裁判決は、過度な不動産節税に警鐘を鳴らす司法判断として社会に大きな衝撃を持って迎えられましたが、その一方で、「財産評価基本通達」が財産評価に関する「時価の計算方法として実質的に規定化している」との認識や、「通達どおりの評価方法を採っていれば、基本的に相続税法には違反しない」との判断も示されており、税の専門家や納税者にとって、判決後の税務申告でマンションという不動産をどのように評価するかという点で悩ましいものとなりました。

▼2 見直されるマンション評価方法

上記の最高裁判決も契機となり、従来より問題視されていたマンションの相続税評価について、令和4年12月に公表された「令和5年度与党税制改正大綱」に「相続税におけるマンションの評価方法については、相続税法の時価主義の下、市場価格との乖離の実態を踏まえ、適正化を検討する。」旨が記載され、その後、有識者会議で議論が行われました。

会議では、全国平均の「マンションの相続税評価額と市場価格の乖離率の推移（【図表2】参照）」が示されました。これによると、平成25年に「1.75」であった乖離率が平成30年には「2.34」にまで広がっています。仮に時価2億円のマンションであれば相続税評価額は概ね8,547万円となり、その評価差は1億1千万円を超える数字となります。また、「2.34」という数値は平均値ですが、内訳をみると「2.5以上」の乖離がある割合が42％を占めて

おり、マンションの65％は評価額が市場価格の半額以下となっている現状が浮かび上がっています。これに対して一戸建ての乖離率の平均値は「1.66」です。平均値ベースでマンションとは「0.68」の差があります。また、一戸建ての場合「2.5以上」の乖離がある割合はわずか5.0％となっており、マンションの42％とは大きく開きがあります（図表3参照）。このことは、不動産の相続税評価において、マンションが一戸建てに比べて大きく有利となる（＝節税につながる）ことを示しており、それが上記1のような事案を生む原因になっていることを如実に物語っています。

【図表2】 マンションの相続税評価額と市場価格乖離率の推移（全国：平均値）

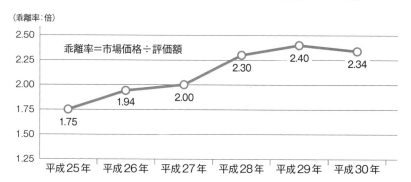

【図表3】 マンションの乖離率の分布（H30）　一戸建ての乖離率の分布（H30）

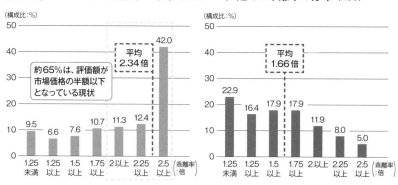

(注)　図表2・3とも、計数はいずれも国税庁において実施したサンプル調査（平成25年〜30年中に行われた取引について、不動産移転登記情報と所得税の確定申告データを突合）による。

出典：図表2・3とも第3回「マンションに係る財産評価基本通達に関する有識者会議」資料より

有識者会議では、マンションの評価額が市場価格と乖離する主な要因について、「建物の評価額は、再建築価格をベースに算定されているが、市場価格はそれに加えて建物の**総階数・所在階**も考慮されているほか、**築年数**の反映が不十分」であり評価額が市場価格に比べて低くなるケースがある。また、土地部分については、「マンション一室を所有するための敷地利用権は、共有持分で按分した面積に平米単価を乗じて評価されるが、一般的に高層マンションほどより細分化され狭小となるため、**敷地持分が狭小**なケースは立地条件の良好な場所でも、評価額が市場価格に比べて低くなる」と要因を分析しています。そして、同会議では、これらの要因を是正するため「相続税評価額が市場価格と乖離する要因となっている**築年数**、**総階数（総階数指数）**、**所在階**、**敷地持分狭小度**の４つの指数に基づいて、評価額を補正する方向」で評価の方法を整備することとし、具体的には、「４指数に基づき統計的手法により乖離率を予測し、その結果、評価額が市場価格理論値の60％（一戸建ての評価の現状を踏まえたもの）に達しない場合は60％に達するまで評価額を補正する。」と結論付けています（**【図表4】**参照）。

【図表4】 評価額が市場価格と乖離する主な要因と是正に向けた方向性

〈評価額が市場価格と乖離する主な要因〉

● 建物の評価額は、再建築価格をベースに算定されている。他方、市場価格はそれに加えて建物の総階数、マンション一室の所在階も考慮されているほか、評価額への築年数の反映が不十分だと、評価額が市場価格に比べて低くなるケースがある（建物の効用の反映が不十分）。

● マンション一室を所有するための敷地利用権は、共有持分で按分した面積に平米単価を乗じて評価されるが、この面積は一般的に高層マンションほどより細分化され狭小となるため、このように敷地持分が狭小なケースは立地条件の良好な場所でも、評価額が市場価格に比べて低くなる（立地条件の反映が不十分）。

　相続税評価額が市場価格と乖離する要因となっている築年数、総階数（総階数指数）、所在階、敷地持分狭小度の４つの指数に基づいて、評価額を補正する方向で通達の整備を行う。
　具体的には、これら４指数に基づき統計的手法により乖離率を予測し、その結果、評価額が市場価格理論値の60％（一戸建ての評価の現状を踏まえたもの）に達しない場合は60％に達するまで評価額を補正する。

出典：第3回「マンションに係る財産評価基本通達に関する有識者会議」資料より

以上より、マンション評価の見直しを一言で表せば「一戸建て物件とのバランスをとるため市場価格理論値の60%（乖離率1.67倍）になるよう評価額を補正」することとなります。そのため、評価水準が60%～100%のマンションには補正が入らず（今までどおり相続税評価額×1.0となる。）、また、評価水準が100%を超えるマンションは100%となるよう評価額が減額されることになります（【図表5】参照）。

【図表5】評価方法の見直しのイメージと概要

① 一戸建ての物件とのバランスも考慮して、相続税評価額が市場価格理論値の60%未満となっているもの（乖離率1.67倍を超えるもの）について、市場価格理論値の60%（乖離率1.67倍）になるよう評価額を補正する。
② 評価水準60%～100%は補正しない（現行の相続税評価額×1.0）
③ 評価水準100%超のものは100%となるよう評価額を減額する。

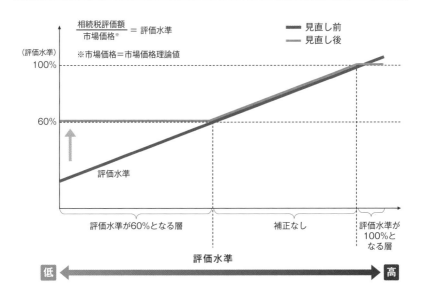

(注1) 令和6年1月1日以後の相続等又は贈与により取得した財産に適用する。
(注2) 上記の評価方法の適用後も、最低評価水準と重回帰式については、固定資産税の評価の見直し時期に併せて、当該時期の直前における一戸建て及びマンション一室の取引事例の取引価格に基づいて見直すものとする。また当該時期以外の時期においても、マンションに係る不動産価格指数等に照らし見直しの要否を検討するものとする。

出典：第3回「マンションに係る財産評価基本通達に関する有識者会議」資料より

この評価の見直しは令和6年1月1日以後の相続や贈与で取得したマンションに適用されることになります。

　この度の改正について、巷間、マスコミなどが「タワマン節税封じ込め！」、「大増税迫る！マンション節税包囲網」などと仰々しい見出しを付けて記事を載せています。しかし、冷静な視点で見ると大騒ぎするほどのことではないように思います。「マンション」も「一戸建て」も不動産として同一の物であり、イコールフッティングという観点で低すぎたマンション評価を一戸建てに合わせる改正であり、また、市場価格理論値の60%（乖離率1.67倍）になるよう評価額を補正するということは、時価2億円のマンションが相続税評価で1億2千万円ほどになるということを意味します。相続後、納税資金確保のため相続マンションを売り急ぐことも想定されますが、市場価格理論値の60%の評価であれば安心感のもてる評価方法であるように思います。

　少々専門的ですが、具体的な相続税評価の見直し内容を【図表6】として掲載いたします。冷静な視点でご覧ください。

【図表6】相続税評価の見直し

1. 区分所有に係る財産の各部分（建物部分及び敷地利用権部分。ただし、構造上、居住の用途に供することができるものに限る。以下「マンション一室」という。）の価額は、次の算式により計算した価額によって評価することとする。

現行の相続税評価額 × 当該マンション一室の評価乖離率 × 最低評価水準0.6（定数）
（＝重回帰式による理論的な市場価格）

> （注1）「マンション一室」には、総階数2階以下の物件に係る各部分及び区分所有されている居住用部分が3以下であって、かつ、その全てが親族の居住用である物件（いわゆる二世帯住宅等）に係る各部分は含まない。
>
> （注2）評価乖離率が0.6分の1以下（約1.67以下）となるマンション一室は現行の相続税評価額×1.0とする.
>
> （注3）評価乖離率が1.0未満となるマンション一室の評価額は次による。
> 現行の相続税評価額 × 当該マンション一室の評価乖離率
>
> （注4）不動産鑑定評価書等に照らし評価額が通常の取引価額を上回ると認められる場合には、当該価額により評価する。
>
> （注5）令和6年1月1日以後の相続等又は贈与により取得した財産に適用する。

2. 上記の「評価乖離率」は、「① × △0.033 + ② × 0.239 + ③ × 0.018 + ④ × 1.195 + 3.220」により計算したものとする。

① : 当該マンション一室に係る建物の築年数

② : 当該マンション一室に係る建物の「総階数指数」として、「総階数÷33（1.0を超える場合は1.0）」

③ : 当該マンション一室の所在階

④ : 当該マンション一室の「敷地持分狭小度」として、「当該マンション一室に係る敷地利用権の面積÷当該マンション一室に係る専有面積」により計算した値

> 【参考】上記の算式は、次の（1）の目的変数と（2）の説明変数に基づく重回帰式である。
> （1）目的変数　平成30年分のマンション一室の取引事例における取引価格÷当該マンション一室の相続税評価額
> （2）説明変数　2. に掲げる算式における①、②、③、④

3. 上記の評価方法の適用後も、最低評価水準と重回帰式については、固定資産税の評価の見直し時期に併せて、当該時期の直前における一戸建て及びマンション一室の取引事例の取引価格に基づいて見直すものとする。
   また、当該時期以外の時期においても、マンションに係る不動産価格指数等に照らし見直しの要否を検討するものとする。
   加えて、マンション市場価格の大幅な下落その他見直し後の評価方法に反映されない事情が存することにより、当該評価方法に従って評価することが適当でないと認められる場合は、個別に課税時期における時価を鑑定評価その他合理的な方法により算定する旨を明確化する（他の財産の評価における財産評価基本通達6項に基づくこれまでの実務上の取扱いを適用。）

出典：第3回「マンションに係る財産評価基本通達に関する有識者会議」資料より

25 税金対策・承継対策に活かせる２つの「教育資金贈与」

医師、歯科医師を養成するためには多くの教育資金が必要です。

孫（又はひ孫）が医師・歯科医師になるための教育資金を負担したいという祖父・祖母（又は曾祖父・曾祖母）は多いようです。こうした教育資金に対する贈与税を非課税で、かつ、相続税対策も兼ねて負担できれば、税金対策はもとより、原則、医師・歯科医師しか理事長になれない医療法人の事業承継対策にもつながるものとなります。これを実現する具体的な贈与の仕方は２パターンです。一つが「**必要な都度、必要な教育資金を贈与**」する方法であり、もう一つが「**事前に教育資金を一括贈与**」する方法です。

1 「必要な都度、必要な教育資金」を贈与する方法

夫婦や親子、祖父・祖母と孫、兄弟姉妹などの扶養義務者から「生活費」や「教育資金」に充てるために贈与された財産で、通常必要と認められるものは贈与税が非課税とされています。この場合の教育資金とは、入学金や授業料などの学費や教材費、文具費などを指します。なお、贈与税が非課税となるのは「教育資金として必要な都度直接これに充てるためのもの」に限られます。したがって、教育資金の名目で贈与を受けた場合であっても、それを定期預金に預けたり、株式や不動産などの購入資金に充てている場合には贈与税が課税されます。ポイントは「必要な都度、必要な教育資金」を贈与することです。

例えば、以下のような場合には贈与税が非課税とされます。

- 孫が医大に入学する際、入学金300万円を令和〇年3月1日、祖父が直接医大の預金口座に振り込んだ。
- 孫が医大に入学する際、入学金200万円を令和〇年2月28日、孫の銀行口座から医大の預金口座に振り込んだ。この200万円の資金は、同年2月27日に祖父が孫の銀行口座に振り込んだ200万円が原資である。
- 孫の令和〇年分（1年分）の授業料150万円を祖父が直接医大の預金口座に振り込んだ。

　これに対し、次のような場合は贈与税課税の問題が生じる可能性が大きいといえます。

- 孫が医大に入学する際、入学金200万円とお祝金100万円の合計300万円を令和〇年2月28日、祖父が孫の銀行口座に振り込んだ。孫は、200万円を入学金として医大の預金口座に振り込み、残りの100万円を定期預金に預け入れた。
- 孫の令和×1年分～×6年分までの6年間の授業料900万円を祖父が孫の銀行口座に一括して振り込んだ。孫は、令和×1年分の授業料150万円を医大の預金口座に振り込み、残りの750万円を定期預金に預け入れた。翌年以降、150万円ずつ解約し、授業料の支払いをするつもりである。

▎2　教育資金を「一括贈与」する方法（特例）

（1）一括贈与の非課税特例

　本来、祖父・祖母（又は曾祖父・曾祖母）が孫（又はひ孫）に教育資金を贈与して贈与税が非課税となるのは上記1の「必要な都度、必要な教育資金」を贈与する方法です。

　これに対し、現在、租税特別措置として令和8年3月31日までの期限付きで教育資金を「一括で贈与」した場合でも贈与税が非課税とされる特例が設けられています。その概要は次のとおりです。

▶ 教育資金の一括贈与の非課税特例の概要

特例の期限	令和8年3月31日まで
贈与をする者	祖父・祖母などの直系尊属
贈与を受ける者	30歳未満の直系卑属（孫など）で、贈与を受ける年の前年の合計所得金額が1,000万円以下の者
非課税となる金額	受贈者1人につき1,500万円が限度 （注）学校等以外に支払われる金銭は500万円が限度
非課税となる教育資金	教育資金に充てる金銭で次のもの （1）学校等に直接払われる入学金・授業料等 （2）塾やスポーツ、文化芸術などの習い事やそれらに係る物品等 ※1）23歳以上は原則、（1）のみが対象となります。 ※2）受贈者が23歳に到達した以後の使途は学校等に支払われる教育資金や教育訓練給付金対象の教育訓練等に限られます。
贈与の方法	金融機関等との一定の契約に基づき （1）信託受益権を取得した場合 （2）書面による贈与により取得した金銭を銀行等に預け入れした場合 （3）書面による贈与により取得した金銭等で証券会社等で有価証券を購入した場合
申告手続き	取扱金融機関を経由して贈与を受ける者が「教育資金非課税申告書」を税務署に提出すること

　この特例の特徴は、「将来」必要となる教育資金を祖父・祖母（又は曾祖父・曾祖母）が一括贈与して金融機関に預けておき、30歳に達するまでの孫（又はひ孫）が「将来」教育資金を支払う都度見合いの資金の払い出しを受ける点です。本来であれば一括贈与した時に贈与税が課税されるところを、特例で非課税としています。そのため手続きが複雑で面倒な感じがしますが、取扱金融機関で容易に手続きすることができますので心配は不要です。

信託協会から公表されている教育資金贈与信託の受託状況では、令和4年3月末時点で、契約件数25万2,090件、信託財産設定額は約1兆8,814億円となっています。制度創設以降、年々利用件数は減少傾向を示しているのは、特例税制が時限措置であるため利用できる資産家が早々に特例を受けたためと推測されます。足元の令和3年度1年間では契約件数8,962件、信託財産設定額は約831億円となっています（【図表1】参照）。

【図表1】 教育資金贈与信託の受託状況

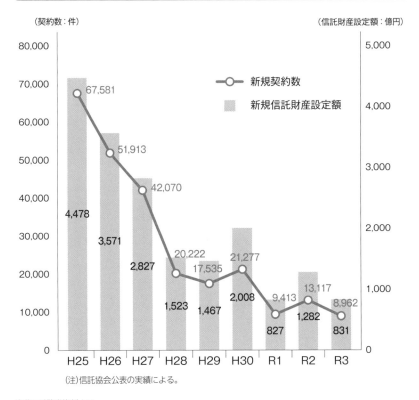

- 利用実績は、延べ252,090件、1.88兆円
- 新規契約数は、経済対策として導入された当初よりも減少し、足元1年間で8,962件、831億円（R4.3時点）

（契約数：件）　　　　　　　　　　　　　　　　　　　　　（信託財産設定額：億円）

　　　○─ 新規契約数
　　　　 新規信託財産設定額

	H25	H26	H27	H28	H29	H30	R1	R2	R3
新規契約数	67,581	51,913	42,070	20,222	17,535	21,277	9,413	13,117	8,962
新規信託財産設定額	4,478	3,571	2,827	1,523	1,467	2,008	827	1,282	831

（注）信託協会公表の実績による。

出典：財務省資料より

相続税対策と事業承継対策を兼ね備えた切り札的存在といえます。なお、非課税措置の流れは【図表2】で確認してください。

【図表2】教育資金の一括贈与に係る非課税措置（手続き等）

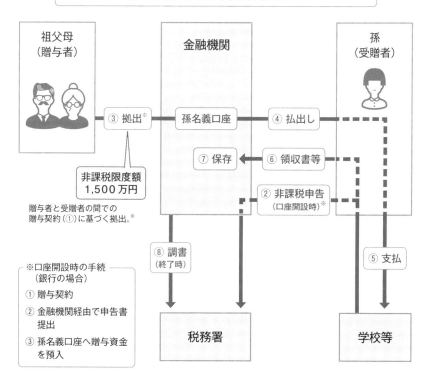

教育資金を目的とする金銭等の一括贈与については、1,500万円まで贈与税を課税しない。

祖父母（贈与者）

金融機関

孫（受贈者）

③ 拠出※　　孫名義口座　　④ 払出し

⑦ 保存　←　⑥ 領収書等

② 非課税申告（口座開設時）※

非課税限度額 1,500万円

贈与者と受贈者の間での贈与契約（①）に基づく拠出。※

⑧ 調書（終了時）

⑤ 支払

※口座開設時の手続（銀行の場合）
① 贈与契約
② 金融機関経由で申告書提出
③ 孫名義口座へ贈与資金を預入

税務署

学校等

出典：「直系尊属から教育資金の一括贈与を受けた場合の贈与税の非課税に関するQ&A」国税庁（一部加工）令和5年5月

（2）非課税対象の「教育資金」の範囲

この特例で非課税対象とされる教育資金の範囲は次のとおりです。

A　学校等に対して直接支払われる次のような金銭

① 入学金、授業料、入園料、保育料、施設設備費又は入学（園）試験の検定料
など

② 学用品の購入費、修学旅行費や学校給食費など学校等における教育に
伴って必要な費用など

（注）「学校等」とは、学校教育法で定められた幼稚園、小・中学校、高等学校、大学（院）、専修学校及び
各種学校、一定の外国の教育施設、認定こども園又は保育所など

B　学校等以外に直接支払われる次のような金銭で教育を受けるために支払われるものとして社会通念上相当と認められるもの

イ　役務提供又は指導者（学習塾や水泳教室など）に直接支払われるもの

③ 教育（学習塾、そろばんなど）に関する役務の提供の対価や施設の使用料
など

④ スポーツ（水泳、野球など）又は文化芸術に関する活動（ピアノ、絵画など）
その他教養の向上のための活動に係る指導への対価など

⑤ ③の役務の提供又は④の指導で使用する物品の購入に要する金銭

ロ　イ以外（物品の販売店など）に支払われるもの

⑥ ②に充てるための金銭であって、学生等の全部又は大部分が支払うべき
ものと学校等が認めたもの

⑦ 通学定期券代、留学のための渡航費などの交通費

（注）令和元年7月1日以後に支払われる上記③から⑤の金銭で、受贈者が23歳に達した日の翌日以後
に支払われるものについては、教育訓練給付金の支給対象となる教育訓練を受講するための費用
に限られる。

(3) 契約期間中に贈与者が死亡した場合、受贈者が30歳に達した場合など

　金融機関との契約期間中に贈与者である祖父・祖母（又は曾祖父・曾祖母）が死亡した場合や、受贈者である孫（又はひ孫）が30歳に達するなどにより契約が終了した場合で、教育資金口座に「残額」があるときは以下のように取り扱われます。

▶「残額」の取扱い

贈与者である 祖父・祖母が 死亡した場合 （金融機関へ届出が必要）	(1) 残額を相続により取得したとみなされ、相続税の課税対象とされる。 (2) 令和3年4月1日以後贈与分については、受贈者が贈与者の子以外（孫など）である場合は相続税額の2割加算の対象とされる。 (注1) 受贈者が贈与者の死亡日において、①23歳未満である場合、②学校等に在学している場合、③教育訓練給付金の支給対象となる教育訓練を受けている場合（②又は③に該当する場合は、その旨を明らかにする書類を金融機関に提出した場合に限る。）は、相続によって取得したものとはみなされない。 (注2) 平成31年4月1日前の贈与分は相続財産に加算されない。平成31年4月1日～令和3年3月31日までの贈与分は、相続開始前3年内の贈与の残額のみ相続財産に加算される。 (3) 令和5年4月1日以後贈与分については、贈与者の死亡時の相続税の課税価格の合計額（≒小規模宅地特例等の適用後の遺産総額）が5億円を超える場合には、受贈者の年齢等にかかわらず（上記(2)(注1)の適用はない）、残高を相続財産に加算する。
受贈者である孫 （又はひ孫）が 30歳に達した場合	30歳に達した時の残額について贈与税の課税対象とされる（令和5年4月1日以後の贈与財産の残額に対する税率は一般税率とされる。）。ただし、30歳に達した時に学校等に在学中（在学中であることにつき金融機関に届出が必要）である場合は40歳まで延長可能。
受贈者である孫 （又はひ孫）が 死亡した場合	残額に対して贈与税課税はされない。

(4)「その都度贈与」と「一括贈与」のコンビネーション

　「一括贈与」の非課税措置の概要は【図表3】のとおりです。この特例の特徴は「将来」必要となる教育資金を生前に一括で贈与しておく点です。

【図表3】教育資金の一括贈与に係る非課税措置（概要）

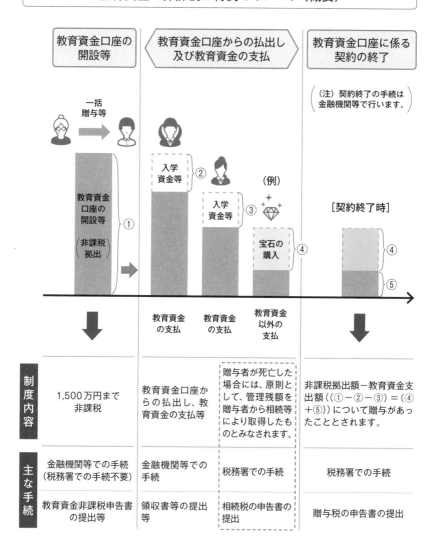

教育資金の非課税の特例のイメージ（概要）

	教育資金口座の開設等	教育資金口座からの払出し及び教育資金の支払		教育資金口座に係る契約の終了
制度内容	1,500万円まで非課税	教育資金口座からの払出し、教育資金の支払等	贈与者が死亡した場合には、原則として、管理残額を贈与者から相続等により取得したものとみなされます。	非課税拠出額－教育資金支出額（(①－②－③)＝(④＋⑤)）について贈与があったこととされます。
主な手続	金融機関等での手続（税務署での手続不要）	金融機関等での手続	税務署での手続	税務署での手続
	教育資金非課税申告書の提出等	領収書等の提出等	相続税の申告書の提出	贈与税の申告書の提出

※ 上記の「教育資金非課税申告書の提出等」には電磁的方法による提供を含み、「領収書等の提出等」には電磁的記録の提供を含みます。

出典：「直系尊属から教育資金の一括贈与を受けた場合の贈与税の非課税に関するQ&A」国税庁（一部加工）令和5年5月

ところで、一括贈与の非課税限度額は受贈者一人につき1,500万円です。これでは医学部や歯学部の卒業までに必要となる教育資金には及びません。そこで「その都度贈与」と「一括贈与」を以下のように組み合わせる方法もあります。

【事例】

- 孫誕生により祖父は「一括贈与」特例で1,500万円を贈与する。
- 孫の幼稚園、小学校、中学校などの教育資金は「その都度贈与」で祖父が支払う。
- 祖父死去※又は認知症発症に伴い「その都度贈与」ができなくなった。
  ※ 孫は23歳未満、又は、学校等に在学中であれば教育資金贈与1,500万円には相続税は課税されない。
- 孫は既に贈与を受けている1,500万円を高校・大学の教育資金として原則30歳までに使い切る。

◤3　余裕があってこその生前贈与

　祖父・祖母が孫に教育資金を贈与すると税制上の優遇が受けられ、かつ、医療法人の事業承継対策などにもつながることは、とても魅力的に思えます。しかし、贈与の結果、贈与者である祖父・祖母が老後資金に窮するようでは本末転倒です。稀に銀行借入金で教育資金贈与をしたいとの相談を受けますが、言語道断です。老後資金としてプールしても相続税の基礎控除額（3,000万円＋600万円×法定相続人の数）までは相続税は課税されません。また、1,500万円の非課税特例についても限度額一杯まで贈与する必要はなく、可能な金額を贈与することで十分だと思います。令和5年度税制改正要望時の文部科学省資料を基に主税局が確認したところでは、教育資金非課税措置の対象となる信託契約の受託状況（令和4年3月末時点信託協会社員会社4社受託分の合算）のうち、非課税贈与の57.6%が贈与金額500万円以下であるとのこと。必要な老後資金をキープし、また相続税対策の効果を見極めて無理のない範囲で贈与を行うことが留意点となります。

26 医療機関と消費税の「インボイス制度」

1 インボイス制度とは

(1)概要

　平成元年4月1日にスタートした我が国の消費税において画期的な制度が令和5年10月1日から導入されました。それが**「インボイス制度」**です。正式名称は**「適格請求書等保存方式」**といいます。

　消費税は、商品の販売やサービスの提供などの取引に対して広く課される税で、消費者が負担し、納税義務者である事業者が納付します。生産や流通などの各取引段階で二重三重に税がかかることのないよう、税が累積しない仕組みが採られています。この仕組みは「多段階課税方式」と呼ばれています。

　【図1】を用いて具体的に見てみましょう。消費者が負担した10,000円の消費税を生産・製造業者から小売業者までの事業者が各段階で税務署に納税しています。納税額の計算過程では仕入れの際負担した消費税は控除されます。これを「仕入税額控除」といいます。各事業者の納税額の合計は消費者が負担した10,000円と一致します。

【図1】多段階課税方式の仕組み（イメージ）

- 消費税は、商品やサービスの消費が行われることに課税される税金。
- 消費税の実質的な負担者は消費者であるが、納税義務者は事業者である。
- 製造、卸、小売り等の各取引段階の事業者が納付する消費税額の合計は消費者が負担する消費税額に対応している。

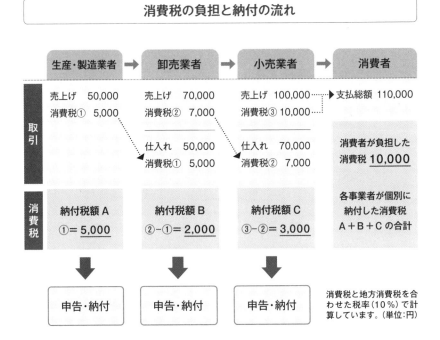

出典：国税庁「適格請求書等保存方式の概要 －インボイス制度の理解のために－」（令和3年7月）より

　消費税の税率は令和元年10月1日に、それまでの8％から10％に引き上げられました。それと同時に低所得者への配慮の観点から、「酒類と外食を除く飲食料品」と「定期購読契約が締結された週2回以上発行される新聞」を対象に消費税率を8％とする軽減税率制度が導入されています。複数税率が存在する現状において、多段階課税方式で正確に消費税を計算するに

は、各時点の消費税額を正確に把握しなければなりません。それを可能にするのが「インボイス（適格請求書）」制度です（【図2】参照）。

【図2】インボイス（適格請求書）の様式

- ①〜⑥の項目の記載が必要となります。下線が付された項目はインボイス導入前に使われた「区分記載請求書」に追加される事項です。
- 様式は法令等で定められておらず、必要な事項が記載されたものであれば、名称を問わず、また、手書きであってもインボイスに該当します。

適 格 請 求 書

① 適格請求書発行事業者の氏名又は名称及び<u>登録番号</u>

② 取引年月日

③ 取引内容（軽減税率の対象品目である旨）

④ 税率ごとに区分して合計した対価の額（税抜き又は税込み）及び<u>適用税率</u>

⑤ <u>税率ごとに区分した消費税額等</u>※

⑥ 書類の交付を受ける事業者の氏名又は名称

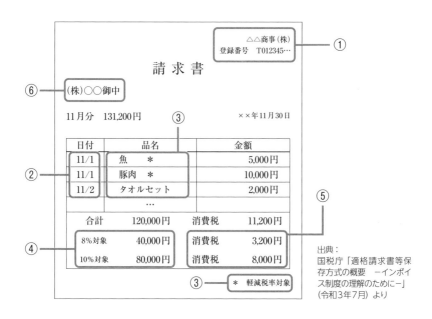

出典：
国税庁「適格請求書等保存方式の概要 ーインボイス制度の理解のためにー」（令和3年7月）より

インボイスは、「売手」が「買手」に対して、正確な適用税率や消費税額を伝えるものです。売手がインボイスを発行するためには**「インボイス発行事業者」**としての登録申請手続きが必要です。登録を受けなければインボイスは発行できません。

買手は取引の際、売手からインボイスを交付されないと**「仕入税額控除」**ができないため、消費税精算で損をします。そのため、買手がインボイス発行不可の売手からインボイス発行事業者である売手に仕入先を変更する可能性が生じます。

【参考1】 インボイス制度の概要

〈売手側〉

売手である登録事業者は、買手である取引相手（課税事業者）から求められたときは、インボイスを交付しなければなりません。また、交付したインボイスの写しを保存しておく必要があります。なお、インボイスは電磁的記録（電子インボイス）での提供が可能です。

〈買手側〉

買手は仕入税額控除の適用を受けるために、原則として、取引相手（売手）である登録事業者から交付を受けたインボイスの保存等が必要となります。

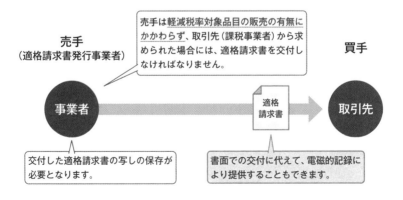

出典：国税庁「適格請求書等保存方式の概要　－インボイス制度の理解のために－」（令和3年7月）より

インボイス発行事業者の登録をするか否かは売手の任意ですが、取引の継続を考えた場合、**課税事業者**（**注1**）はほぼすべてが、また**免税事業者**（**注2**）も多くがインボイス発行事業者の申請をするものと予想されます。

　インボイス発行事業者となるためには、課税当局に登録申請書を提出しなければなりません。税務署の審査を経て、登録事業者には、法人であれば「Ｔ＋法人番号（13桁）」が、個人事業者には「Ｔ＋13桁の数字（マイナンバーは用いず、法人番号とも重複しない事業者ごとの番号が付される。）」の登録番号が通知され、公表されます。

　適格請求書発行事業者公表サイトで登録番号を入力することにより、インボイス発行事業者の氏名・名称、登録年月日などが検索できる仕組みとなっています。

　インボイスには、この登録番号の記載は必須とされます。

　ところで、売手がインボイス発行事業者に登録するためには**課税事業者**であることが要件とされています。そのため、**免税事業者**がインボイス発行事業者の登録を希望する場合には、「課税事業者になることを選択」して登録申請を行う必要があります。免税事業者は消費税の申告・納税を行っていませんが、課税事業者になることを選択することにより、これまでは行ってこなかった申告・納税の手続をする必要があり、手間と負担が増加します。そのため、登録するか否かの判断は慎重に行わなければなりません。買手がすべて消費者（BtoC取引）であればインボイスを求められることはありませんから、免税事業者のままでいいでしょう。しかし、買手の一部が事業者で、事業者との取引（BtoB取引）がある場合には、インボイスの交付ができないことで取引がキャンセルされたり、対価の値引きを要求される可能性があるため、あえて課税事業者を選択するというケースも増えると思います。その場合は、「**簡易課税制度**（**注3**）」を選択した場合のシミュレーションを実施し、簡易課税が有利であるときは、そちらの選択も併せて行うことになります。

(注1)課税事業者…その課税期間(原則、医療法人は事業年度、個人開業医は暦年)の基準期間(原則、医療法人は前々期事業年度、個人開業医は前々年)の課税売上高が1,000万円を超える事業者をいう。消費税の納税義務者となるため申告・納税を行う。

(注2)免税事業者…基準期間の課税売上高が1,000万円以下の事業者をいう。消費税の納税義務が免除され、申告・納税を行う必要はない。選択により課税事業者となれる。

(注3)簡易課税制度…税務署に「消費税簡易課税制度選択届出書」を提出した課税事業者は、課税売上高が5,000万円以下の課税期間には、売上に対する消費税額に事業区分に応じて定められた「みなし仕入率」を乗じた金額を仕入税額控除として、売上に対する消費税額から控除できる制度。みなし仕入率は自由診療収入の場合は50%とされる。

　なお、小売業やタクシー業など不特定多数の者を相手にする業種の場合、すべてのインボイスにお客さんの名前を書くことは現実的でないため、その記載を省略できる**「簡易インボイス」**の発行が認められています（**【参考2】**参照）。

【参考2】簡易インボイス（適格簡易請求書）の様式

適 格 簡 易 請 求 書

① 適格請求書発行事業者の氏名又は名称及び<u>登録番号</u>

② 取引年月日

③ 取引内容（軽減税率の対象品目である旨）

④ 税率ごとに区分して合計した対価の額（税抜き又は税込み）

⑤ <u>税率ごとに区分した消費税額等</u>※又は適用税率

出典：
国税庁「適格請求書
等保存方式の概要
－インボイス制度の
理解のために－」
(令和3年7月) より

適用税率又は消費税額等
のどちらかを記載
※両方記載することも可能

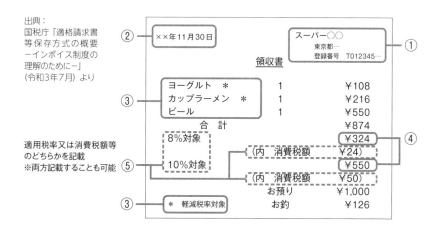

2 医療機関が「売手」の場合

　医療機関を経営する医療法人や個人開業医が売手の場合、インボイス制度への対応はどのようにすればいいでしょうか。

　買手がすべて消費者（BtoC取引）であればインボイスを求められることはありません。例えば、社会保険診療中心の耳鼻咽喉科を標榜する無床診療所（Business）を例にとると、患者（買手）のほとんど（場合によってはすべて）は消費者（Consumer）です。取引形態は「BtoC」です。**消費者である患者は仕入税額控除をしないため、インボイスを必要としません。**このような場合には、該当する医療法人や個人開業医はインボイス発行事業者への登録は必要ありません。医療機関が発行する領収証や請求書等についても現状のままで問題はありません。その医療法人や個人開業医は免税事業者でしょうが、今後も免税事業者のままで、消費税の申告・納税は必要ありません。

　これに対して、医療機関を経営する医療法人や個人開業医（いずれもBusiness）の売上取引について**インボイスへの対応が必要となるのは、事業者（Business）に対する「課税売上（自由診療収入など）」がある場合**です。この場合の取引は「BtoB」となりインボイスの交付が求められる可能性があります。具体的には以下のようなケースです。

- 企業から社員の健康診断や予防接種などを受託しているケース
- 企業が費用を負担して社員に業務上必要な検査を受けさせるケース
- 医療機関が企業から産業医報酬を受け取っているケース（医師個人が給与として受け取るものを除く。）
- 企業からの顧問収入、受託収入、治験収入、テナント収入（社会医療法人や個人開業医の場合）、原稿料などがあるケース
- 病院の売店で企業等の従業員が社用の買い物をするケース

「BtoB」取引となる課税売上がある医療法人や個人開業医の令和5年10月1日以降の消費税に対する選択肢は以下の3つが考えられます。

① 登録申請を行い、登録を受け、インボイスを発行する。
② インボイスを発行せず消費税相当額又は一定額を値引きする。
（値引きは取引喪失のリスクを抑えるためであり、消費税法上、求められるものではない）
③ インボイスを発行せず値引きもしない。（取引喪失のリスクが高い）

上記①～③の選択を判断するに当たって検討すべき事項は、以下の点と考えられます。

- インボイスの発行に対して取引先の意向やニーズはあるのか
- インボイスを発行するための手間とコストはどの程度となるのか（手書きで対応するかシステムで対応するかの検討を含みます。）
- インボイスを発行せずに消費税相当額の値引きをした場合の負担はどの程度となるのか
- インボイスを発行せずに取引を失った場合の損失はどの程度となるのか
- 現在、免税事業者である場合に、課税事業者となる選択をしたら消費税の納税負担はどの程度となるのか。その際は、簡易課税制度を選択した場合の有利・不利のシミュレーションも実施すること

出典：日本医師会「適格請求書等保存方式（インボイス制度）の導入と医療機関の対応（令和5年2月）」より筆者一部改変

医療法人や個人開業医の場合、免税事業者が多いのが実情です。免税事業者である医療法人等がインボイス制度導入に伴い渋々課税事業者となることを選択する場合もあると考えられます。そこで、令和5年度税制改正では、免税事業者がインボイス発行事業者を選択した場合の負担軽減を図るため、**消費税の納税額を売上税額の2割に軽減する**激変緩和措置（**2割特例**）**を3年間講ずる**こととされました。これにより、業種にかかわらず、売上を

把握するだけで消費税の申告が可能となることから、簡易課税と比較しても事務負担などが大幅に軽減されることが期待されています。なお、この措置の対象者は、免税事業者がインボイス発行事業者となったことにより事業者免税点制度の適用を受けられないこととなる者を対象としており、インボイス制度の開始時期である令和5年10月1日から令和8年9月30日の属する課税期間まで適用できるとされています（【参考3】参照）。

【参考3】 小規模事業者に対する納税額に係る負担軽減措置

- 免税事業者がインボイス発行事業者を選択した場合の負担軽減を図るため、納税額を売上税額の2割に軽減する激変緩和措置を3年間講ずることとする。
- これにより、業種にかかわらず、売上・収入を把握するだけで消費税の申告が可能となることから、簡易課税に比しても、事務負担も大幅に軽減されることとなる。

※ 免税事業者がインボイス発行事業者となったこと等により事業者免税点制度の適用を受けられないこととなる者を対象とし、インボイス制度の開始から令和8年9月30日の属する課税期間まで適用できることとする。

【イメージ】

〔本則課税〕
仕入 150万円（税15万円）※通信交通費、会議費、PC購入等

（小規模事業者）
売上 700万円（税70万円）

納税 55万円　▲41万円

〔簡易課税（5種）〕
みなし仕入 350万円（税35万円）※売上税額70万円×50%

納税 35万円　▲21万円

税負担を軽減

小規模事業者に対する負担軽減措置

納税額を売上税額の2割に軽減
※売上税額70万円×2割

納税 14万円

※負担軽減措置の適用に当たっては、事前の届出を求めず、申告時に選択適用できることとする。

出典：財務省資料より

「2割特例」のポイントを要約すると以下のようになります。

〈対象者〉

• インボイス発行事業者の登録をして、課税事業者になった者

　（例）① 免税事業者がインボイス発行事業者となる場合

　　　　② 課税事業者選択届出書を提出したことにより事業者免税点制度の
　　　　　 適用を受けられないこととなる場合

〈対象期間〉

• 令和5年10月1日から令和8年9月30日までの日の属する各課税期間

　（例）① 免税事業者である個人開業医が令和5年10月1日から登録を受け
　　　　　 る場合

　　　　➡ 令和5年分（10月から12月分）の申告から令和8年分の申告ま
　　　　　 での計4回の申告が適用対象範囲となります。

　　　　② 免税事業者である医療法人（3月決算）が令和5年10月1日から登
　　　　　 録を受ける場合

　　　　➡ 令和5年10月から令和6年3月の申告から令和8年期の申告ま
　　　　　 での計4回の申告が適用対象範囲となります。

〈その他〉

• 事前の届出は不要。提出する消費税の申告書に付記するだけで適用が受けら
　れる。

• 簡易課税制度のような2年間の継続適用の縛りはない。

• 消費税の申告時に、「簡易課税 or 2割特例」、「本則課税 or 2割特例」の選
　択が可能。明らかに2割特例が有利な場合には簡易課税や本則課税での計算
　をすることなく2割特例で申告可能。

出典：図表はいずれも国税庁ホームページ「2割特例（インボイス発行事業者となる小規模事業者に対する負担
　　　軽減措置）の概要」より

医療法人が病院を経営している場合には、院内に「売店」を設置していることが多いと思います。この売店売上に関しても、取引の相手先が消費者（BtoC）であればインボイスの交付を求められることはありません。しかし稀に、企業等の従業員が社用の買い物として、飲料、文房具等を購入するケースがあるかもしれません（BtoB）。その際、登録済みの医療法人がインボイスを発行する場合には、インボイス導入前の区分記載請求書等の記載事項に追加で、「登録番号を含む記載事項に対応したレジシステムに更新する（図1）」「手書き用の領収証に登録番号を押印等し、記載事項を手書きする（図2）」「領収証を10%用と8%用の2枚発行し、登録番号を押印等し、8%用には「軽減税率対象」を明記する（図3）」といった対応でしのぐことが考えられます（【参考4】参照）。

【参考4】

(図1)

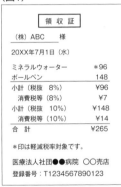

(図2)

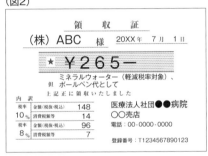

(図3)

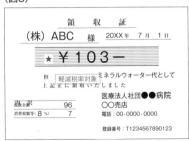
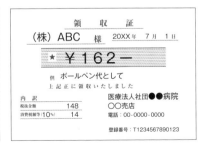

出典：日本医師会「適格請求書等保存方式（インボイス制度）の導入と医療機関の対応（令和5年2月）」より
　　　筆者一部改変

なお、不特定多数の者が購入に訪れる売店においては、「書類の交付を受ける事業者の氏名又は名称」の記載を省略した「簡易インボイス（適格簡易請求書）」を発行すれば足りることになります（**【参考2】**参照）。

また、自動販売機の売上については、請求書・領収証を発行する必要はありません。

3　医療機関が「買手」の場合

医療機関を経営する医療法人や個人開業医が「買手」の場合では、インボイス制度に対し特別な対応は必要なのでしょうか。結論は、医療機関が特別に対応することは一切なく、一般の会社等と同じということになります。

具体的には、医療法人や個人開業医が、免税事業者又は簡易課税選択事業者なのか、原則課税とされる一般課税事業者なのかにより取扱いが異なります。

免税事業者と簡易課税選択事業者はもともと仕入取引に関して特段の対応の必要はありませんので、インボイス制度導入後も同様の取扱いとなります。

これに対して、**原則課税とされる**一般課税事業者である**医療法人**や**個人開業医は、**令和5年10月1日以降、仕入取引に関して、**仕入税額控除を行うには必ずインボイスを保存しなければなりません。**

ここで問題となるのは取引の相手先（売手）が免税事業者の場合です。**免税事業者はインボイスの交付ができないため、買手側で仕入税額控除ができません。**

これに対する激変緩和措置として、**「令和5年10月～令和8年9月の取引は80％が仕入税額控除できる、令和8年10月～令和11年9月の取引は50％が仕入税額控除できる」**という特例が設けられました。

しかし、日々の会計処理や税務申告が複雑化することは否めません。そし

て、令和11年10月以降は完全に仕入税額控除ができなくなります。このため、取引先の変更が視野に入ってくるかもしれません。消費税について、原則課税とされる医療法人や個人開業医は少数派と思われますが、免税事業者との取引を洗い出し、売手と対応を話し合うことが必要となってきます（取引先と話し合う際には、独占禁止法や下請法などの取扱いにも十分ご留意ください）。

【表】医療法人や個人開業医が「買手」の場合の対応

① 免税事業者 （年間の課税売上高1,000万円以下） ② 簡易課税事業者 （年間の課税売上高1,000万円超5,000万円以下）	仕入取引に関して特段の対応は不要
③ 一般課税事業者 （年間の課税売上高5,000万円超または自ら課税事業者を選択）	令和5年10月から「適格請求書（インボイス）等」の保存が必要

出典：医療問題Q&A　消費税のインボイス制度　日医on-line（令和3年12月、日本医師会ホームページ）より

▶ （注）どうなる、インボイス制度導入後の「控除対象外消費税問題」

　　消費税法においては、社会政策的配慮から、社会保険医療の給付等及び介護保険サービスの提供は原則非課税取引とされています。そのため、医療機関等の医薬品仕入等や医療用機器等の購入に係る消費税の一部について仕入税額控除が認められず、控除対象外消費税等の金額を事業者である医療機関が負担するという「控除対象外消費税問題」が消費税導入時から横たわっています。政府は、それへの配慮として、医療機関等が負担する消費税相当額を社会保険診療報酬等に反映させて補てんするよう診療報酬の引上げをしてきましたが、問題解決には至っていません。この問題は、インボイス制度が導入されても何ら変わることなく続いていきます。むしろ、原則課税とされる医療法人や個人開業医はインボイス対応の手間が増えるだけの結果となります。一日も早く医療機関の控除対象外消費税問題の抜本的解決が図られることを祈るばかりです。

27

医療法人を牛耳るのは
多数派の「社員」です

1 社員と理事はどっちが偉い

　医療法人の中で圧倒的な権限を持つのは**理事長**です。なぜなら役員で唯**一代表権を有している**からです。対外的な契約などは代表権がなければできません。この点、理事長は医療法人の経営を執行する現場ではひと際偉いといえます（**28** 参照）。

　ところで、医療法上医療法人には理事を原則3人以上置かなければなりません。そして理事のうちの1人が理事会で理事長に選任されます。

　ひと際偉い存在である理事長も理事（役員）の1人にすぎません。医療法人全体の99%を占める社団医療法人では、理事は「社員総会の決議」によって選任されます。また、理事はいつでも「社員総会の決議」によって解任することができます。このように理事の選任や解任は社員総会の決議で決まるのです。そうすると**理事よりも社員のほうが偉い**という結論になります。

2 社員の主な権限と社員総会での議決権

　社員というと企業における従業員を連想する方が多いのですが、社団医療法人の「社員」とは**法人の最高意思決定機関**である**社員総会**の構成員を指します。

　社員総会で**各社員は1個（1票）の議決権や選挙権を持っています**。そのため多数派の社員グループが医療法人の実権を握ることになります。この場合の多数派とは通常「社員総会に出席している社員の議決権の過半数」（議決内容によって定款等で3分の2以上などの別基準を設けている場合もあ

ります。)を指します。

　株式会社は株式の過半数を持つ者（又はグループ）が会社を牛耳ることになります。しかし、医療法人の社員の権限は１人１票と平等です。それ故医療法人の実権を握るためには「多数派」を形成する必要があります。仮に経過措置医療法人（持分あり社団医療法人）がその「定款」に出資額や持分割合に応じて議決権を与える定めを入れても効力はありません。

　通常の場合、社員は自然人（個人）ですが、法人（営利法人を除く。）もなることができます。医療法には社員の定数が定められていないため、何名以上の社員構成とするかは明確ではありませんが、医療法人の社員が１名だけの場合はその社員が全権を掌握することになります。

　それでは独裁状態になってしまうので、例えば東京都では「社員は、社員総会という合議体の一員なので、３人以上必要です。」と指導しています。監督官庁（原則、都道府県）の指導では社員の数は３人以上が多いと思います。

　社員が集まり社員総会を開催する時、議長は社員総会の場で選任されますが、ここでひとつ注意が必要です。それは「議長は、社員として議決に加わることができない」と医療法に明記されている点です。

　例えば、３人の社員構成である医療法人で社員総会を開催する場合、１人が議長（議決権なし）となり、残り２人の社員が議案に各１票の議決権を行使します。ある議案に議長が反対でも残り２人が賛成すると議長の意見は日の目をみず、その議案は「全員異議なく可決」となります。可否同数の１対１の時には「議長の決するところによる」とされていますので、やっと議長の考えが反映されることになります。

　医療法の建て付けが上記のようになっているため、議決権を行使したい社員は「議長にならない」という選択をすることが予想され、その結果議長の選任ができず総会の議事進行に支障をきたすことがあるかもしれません。

　議長にも議決権を与えるよう医療法を改正すべきだと思います。

3 社員の入社、退社

　過半数を超える議決権を持つ社員グループ（多数派）が医療法人の実権を握るため、味方となる社員数の確保は重要な経営テーマです。味方の社員数を増やすための手続き（入社手続き）は、どのようにするのでしょうか。

　通常は「社員になろうとする者は、社員総会の承認を得なければならない。」とされています。つまり、社員数を増やす場合は社員総会の承認が必要となるわけです。承認のためには法人設立時から多数派を形成しておく必要があります。この点でこれから法人化をする場合には医療法人設立時の社員構成を味方で固めることが重要となります。

　社員数が減員となる社員資格の喪失については「除名、死亡、退社」の3つが該当します。また適切な法人運営体制を確保する観点から「社員であって、社員たる義務を履行せず本社団の定款に違反し又は品位を傷つける行為のあった者は、社員総会の議決を経て除名することができる。」という取扱いがほとんどの医療法人の定款にはあります。

　経過措置医療法人（持分あり医療法人）で注意したいのは、「持分」を持つ社員の死亡です。死亡即社員資格喪失となり、相続人は「持分払戻請求権」を相続します。これに対する相続税が数億～数十億円となる時は法人に対し「時価」による持分払戻請求をしてくることが予想されます。それにより医療法人の存続が危ぶまれるようなことになれば一大事です。この点については日頃から持分評価を把握するなどの備えが必要になります。

　また、社員自らが退社（社員資格を失うこと）する場合もあります。通常「やむを得ない理由のあるときは、社員はその旨を理事長に届け出て、退社することができる。」とされていますので、これを拒むことはできません。この場合も、退社する社員が「持分」を持っている場合には「払戻請求権」を行使する可能性がありますので注意が必要です。

4　社員総会の開催と議決できること

　医療法では「少なくとも毎年1回、定時社員総会を開かなければならない。」と定められています。しかし、定時社員総会は収支予算や決算を決定する必要があるので、定款で1年に2回以上開催するとしている医療法人が一般的です。

　臨時社員総会は、理事長が必要と認めた際にはいつでも招集できます。また、総社員の5分の1以上の社員から社員総会の目的である事項が示され、臨時社員総会の招集を請求された場合には理事長が20日以内に招集しなければならないとも規定されています。

　この「総社員の5分の1」という割合は定款でこれを下回る割合を定めることもできます。招集する際の招集通知は総会の日の5日前には社員の手元に届く必要があります。

　総会は通常総社員の過半数の出席が必要とされており、よほどの急を要する場合以外はあらかじめ通知のあった事項しか議決できません。また、議決内容に対し特別の利害関係を有する社員は議決に加わることはできません。

　社員総会の責務は適切な法人運営体制を確保することです。そのため社員総会では次に掲げるような医療法人にとって最も重要な事項が議決されます。そしてその場で議決権を行使するのが「社員」となります。

▶ **社員総会での主な決議事項**

- 理事及び監事の選任及び解任
- 定款の変更
- 基本財産の設定及び処分（担保提供を含む。）
- 毎事業年度の事業計画の決定又は変更
- 収支予算及び決算の決定又は変更
- 重要な資産の処分
- 借入金額の最高限度の決定
- 社員の入社及び除名
- 解散
- 他の医療法人との合併若しくは分割に係る契約の締結又は分割計画の決定
- その他重要な事項

▶ **社員と社員総会の関係**

社員・社員総会

- 社員は、社団たる医療法人の最高意思決定機関である社員総会の構成員としての役割を担う。
- 社員総会は、事業報告書等の承認や定款変更、理事・監事の選任・解任に係る権限があり、このことにより、法人の業務執行が適正でない場合には、理事・監事の解任権限を適切に行使し、適切な法人運営体制を確保することも社員総会の責務である。

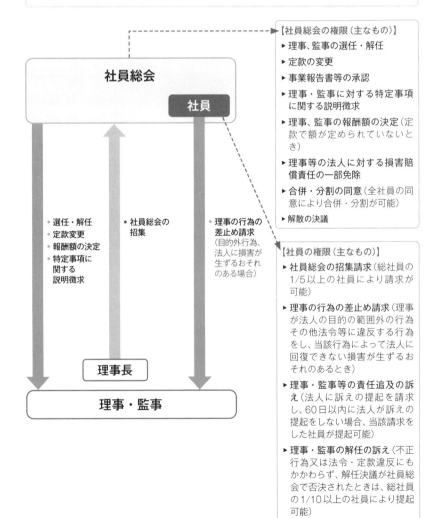

【社員総会の権限（主なもの）】

- ▶ 理事、監事の選任・解任
- ▶ 定款の変更
- ▶ 事業報告書等の承認
- ▶ 理事・監事に対する特定事項に関する説明徴求
- ▶ 理事、監事の報酬額の決定（定款で額が定められていないとき）
- ▶ 理事等の法人に対する損害賠償責任の一部免除
- ▶ 合併・分割の同意（全社員の同意により合併・分割が可能）
- ▶ 解散の決議

【社員の権限（主なもの）】

- ▶ 社員総会の招集請求（総社員の1/5以上の社員により請求が可能）
- ▶ 理事の行為の差止め請求（理事が法人の目的の範囲外の行為その他法令等に違反する行為をし、当該行為によって法人に回復できない損害が生ずるおそれのあるとき）
- ▶ 理事・監事等の責任追及の訴え（法人に訴えの提起を請求し、60日以内に法人が訴えの提起をしない場合、当該請求をした社員が提起可能）
- ▶ 理事・監事の解任の訴え（不正行為又は法令・定款違反にもかかわらず、解任決議が社員総会で否決されたときは、総社員の1/10以上の社員により提起可能）

出典：厚生労働省医政局医療経営指導課「医療法の一部を改正する法律について（平成27年）」より（厚生労働省ホームページ）

28 理事長の権限とその資格者

1 医療法人で代表権を持っているのは理事長のみ

医療法では「理事長は、医療法人を代表し、医療法人の業務に関する一切の裁判上又は裁判外の行為をする権限を有する。」とされており、理事長以外の役員に代表権を付与する規定はありません。つまり、代表権のない役員は対外的な契約などはできません。

したがって、医療法人の代表権を持つのは理事長のみで、医療法人の中では別格の存在といえます。そのため都道府県が医療法人を指導監督する際のマニュアル（医療法人運営管理指導要綱）においては、「理事長は、各理事の意見を十分に尊重し、理事会の決定に従って法人運営及び事業経営を行っていること」を求め、万一理事長が暴走する事態になれば適正な法人運営が確保できるよう都道府県が指導監督することになります。

2 医療法人の理事長は原則医師・歯科医師

唯一代表権を持つ医療法人の理事長は原則として医療法の規定により医師又は歯科医師が就任します。これは、「医師又は歯科医師でない者の実質的な支配下にある医療法人において、医学的知識の欠落に起因し問題が惹起されるような事態を未然に防止」することを意図するためです。

ところで、通常は医科の医療法人の理事長は医師が、歯科の医療法人の理事長は歯科医師がなっていますが、医科の病院を経営する医療法人の理事長に歯科医師が就任することも可能です。また、医科診療所（医師である父が管理者で理事長）を母体（本院）とする医療法人が、歯科診療所（歯科医師で

ある子が管理者）を分院として新たに開設し、一つの医療法人として医科・歯科を経営し、将来は子が理事長となり、その法人を事業承継することもできます。

▼3　医師・歯科医師以外が理事長となれる場合もある

上記2は原則ですが、例外として「ただし、医療法人が都道府県知事の認可を受けた場合には、医師又は歯科医師でない理事のうちから理事長を選出することができる」とされています。この例外による都道府県知事の認可は以下の（1）、（2）に該当する場合に可能とされています。

(1)　理事長が死亡し、又は重度の傷病により理事長の職務を継続することが不可能となった際に、その子女が、医科又は歯科大学（医学部又は歯学部）在学中か、又は卒業後、臨床研修その他の研修を終えるまでの間、医師又は歯科医師でない配偶者等が理事長に就任しようとするような場合

(2)　医療法人が次のいずれかに該当する場合
　　イ　特定医療法人又は社会医療法人
　　ロ　地域医療支援病院を経営している医療法人
　　ハ　公益財団法人日本医療機能評価機構が行う病院機能評価による認定を受けた医療機関を経営している医療法人

なお、上記（2）のイ～ハの要件に該当しない医療法人の場合でも「候補者の経歴、理事会構成（医師又は歯科医師の占める割合が一定以上であることや、親族関係など特殊の関係がある者の占める割合が一定以下であること。）等を総合的に勘案し、適正かつ安定的な法人運営を損なうおそれがないと認められる場合」には都道府県知事の認可が行われるとされ、その場合、認可の可否に関する審査に際しては、あらかじめ都道府県医療審議会の意見を聴くこととされています。なお、これらの取扱いに当たっては、いわゆる反社

会勢力の関係者が役員に就任していないことや、就任するおそれがないことを十分に確認することも都道府県に求められています。

　非医師・歯科医師が理事長に就任する際の手続きは概ね以下の流れと考えられます。

▶ **非医師の理事長就任手続きの概要**

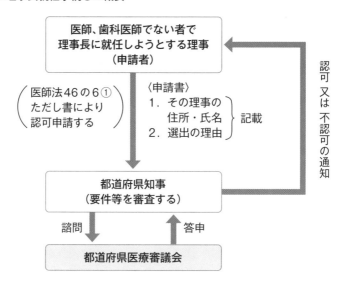

4　例外規定の運用について

　医師又は歯科医師でない者の医療法人の理事長選出の認可（例外の認可）については、上記3の扱いが厚生労働省から示されていますが、現実は認可権限を持つ都道府県での裁量が大きく影響して実務が行われてきたようです。

　平成25年に厚生労働省が各都道府県に対し調査をしたところ、「一部の都道府県において、理事として経験年数が一定期間あることや財務状況が黒字であることなど、満たすことが必須な要件や、そのうちの一つでも満たすことが必要な複数の要件などを設定するといった運用が見受けられた」そうです。

そこで厚生労働省は「各都道府県においては、このような要件を設定して門前払いをするのではなく、しっかりと候補者の経歴、理事会構成等を総合的に勘案し、都道府県医療審議会の意見を聴いたうえで当該認可について判断するよう、必要に応じて現在の運用の改善を検討されたい」との通知を都道府県に出しました。

　しかし、これは筆者の個人的見解ですが、残念ながら現在でも認可権限を持つ都道府県の裁量は大きく影響しており、また運用にもばらつきがあると感じます。特に、医療法人全体の8割以上を占める一人医師医療法人は小規模で、複数の医師が所属していない場合が大半です。このような医療法人の理事長が急逝した場合、非医師である配偶者がワンポイントリリーフで理事長に就任できれば迅速な経営対応が可能となりますが、簡単に例外の認可はされません。定款には理事長が職務履行できない場合の規定はありますし、医療法人という特殊性ゆえハードルが高いのも理解できますが、小規模な医療法人に対する緊急時の弾力的な運用についての法令上の規定は実務的に必要だと思います。

29 医療法人の「監事」とは

1 人選に苦労する医療法人の「監事」

医療法人は、原則として役員である理事を３人以上、監事を１人以上置くことが義務付けられています。

小規模な無床の個人診療所を医療法人化する過程では、理事３人のうち院長夫妻で２人が決まり、残り１人を同族親族から選んで決定する場合が多いと思います。

これに対し監事の人選には苦労します。通常は１人を選任しますが、社会医療法人や特定医療法人といった非同族の医療法人では２名以上が必要です。

なぜ、監事の人選で苦労するのでしょうか。

まず、医療法人の役員は自然人（個人）に限られます。自然人のうち未成年者の役員就任は適当でないとして原則、監督官庁（原則、都道府県）は認めません。医療法に「その医療法人の理事又は職員は監事になれない」と明記されているため、理事や職員の兼任はダメです。これは、監事は医療法人の業務や財産状況を監査して不正があれば社員総会や理事会に報告する必要があるのですが、理事や職員が当事者である可能性があるため兼任は難しいとの判断でしょう。

また、その医療法人の役員の親族など「特殊関係者」が監事に就任することは、医療法で明確に禁止されているわけではありません。しかし、望ましくないと厚生労働省が通知しており、これを受けて監督官庁が様々なローカル規制を加えています。例えば、東京都では「医療法人の理事（理事長を含む。）の親族」「医療法人に拠出している個人（医療法人社団の場合）」「医療

法人と取引関係・顧問関係にある個人、法人の従業員（例：医療法人の会計・税務に関与している税理士、税理士事務所等の従業員）」は監事に就任できないとしています。

　さらに、「監事の職務の重要性にかんがみ、財務諸表を監査しうる者等を選任してください。実際に法人監査業務を実施できない者が名目的に選任されることは適当ではありません」とも明示していて、監事の人選のハードルを上げています。

　実務上、監事は実印で書類に押印する機会も多く、設立時には印鑑証明書（原本）や履歴書の提出も必要です。自ずと目上の方には頼みにくくなります。監事の仕事を全うするため理事会への出席が義務付けられており、必要があるときには意見を述べなければなりません。理事長の不正などを発見した場合には報告のため監事自らが社員総会を招集することにもなります。

　例えば、理事長が法人財産を横領したことを知っていたのに社員総会に報告しなかった場合などは、監事が職務を怠って医療法人に損害を与えたとして損害賠償責任を負うこともあります。これは無給でも、また「名ばかり監事」でも変わりません。

　もちろん、ほとんどの医療法人は適正な運営をしているでしょうから杞憂であるとは思いますが、以上のような理由で監事を探すのに苦労する医療法人（特に小規模な法人）が多いのが実情です。

2　監事の仕事と監査報告書

　人選に苦労する医療法人の監事ですが、「監事の仕事（職務）とはどのような内容ですか」という質問が多く寄せられます。主なものを紹介すると以下のようになります。

▶ 監事の主な職務

- 医療法人の業務を監査すること。
- 医療法人の財産の状況を監査すること。
- 医療法人の業務又は財産の状況について、毎会計年度、監査報告書を作成し、会計年度終了後3ヶ月以内に社員総会(評議員会)及び理事会に提出すること。
- 監査の結果、医療法人の業務・財産に関し不正の行為や法令、定款(寄附行為)に違反する重大な事実があることを発見したときは、これを都道府県知事や社員総会(評議員会)又は理事会に報告すること。

▶ 監事と社員総会等との関係

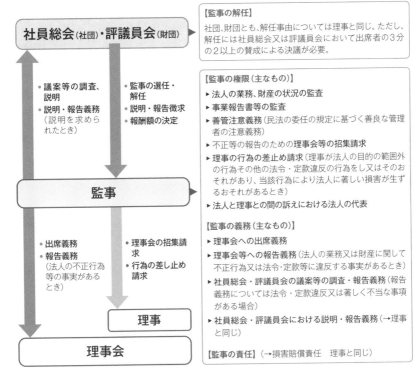

監事

- 監事は、医療法人の業務、財務の状況を監査し、毎会計年度、監査報告書を作成し、社員総会又は評議員会及び理事会に提出する。このため、監事には各種の権限が付与され、また、義務が課されている。監事が複数いる場合でも、その権限は各監事が独立して行使でき、義務は各監事がそれぞれ負うことになる。

社員総会(社団)・**評議員会**(財団)

監事

理事

理事会

- 議案等の調査、説明
- 説明・報告義務(説明を求められたとき)

- 監事の選任・解任
- 説明・報告徴求
- 報酬額の決定

- 出席義務
- 報告義務(法人の不正行為等の事実があるとき)

- 理事会の招集請求
- 行為の差し止め請求

【監事の解任】
社団、財団とも、解任事由については理事と同じ。ただし、解任には社員総会又は評議員会において出席者の3分の2以上の賛成による決議が必要。

【監事の権限(主なもの)】
▶ 法人の業務、財産の状況の監査
▶ 事業報告書等の監査
▶ 善管注意義務(民法の委任の規定に基づく善良な管理者の注意義務)
▶ 不正等の報告のための理事会等の招集請求
▶ 理事の行為の差止め請求(理事が法人の目的の範囲外の行為その他の法令・定款違反の行為をし又はそのおそれがあり、当該行為により法人に著しい損害が生ずるおそれがあるとき)
▶ 法人と理事との間の訴えにおける法人の代表

【監事の義務(主なもの)】
▶ 理事会への出席義務
▶ 理事会等への報告義務(法人の業務又は財産に関して不正行為又は法令・定款等に違反する事実があるとき)
▶ 社員総会・評議員会の議案等の調査・報告義務(報告義務については法令・定款違反又は著しく不当な事項がある場合)
▶ 社員総会・評議員会における説明・報告義務(→理事と同じ)

【監事の責任】(→損害賠償責任 理事と同じ)

出典：厚生労働省医政局医療経営指導課「医療法の一部を改正する法律について(平成27年)」(厚生労働省ホームページ)より

なお、毎会計年度監事が作成する「監査報告書（様式6）」は厚生労働省がひな形を下記のとおり示しています。

様式6

監 事 監 査 報 告 書

医療法人○団○○会

理事長　○○　○○　　殿

　私（注1）は、医療法人○団○○会の令和○○会計年度（令和○○年○○月○○日から令和○○年○○月○○日まで）の業務及び財産の状況等について監査を行いました。その結果につき、以下のとおり報告いたします。

監査の方法の概要

　私（注1）は、理事会その他重要な会議に出席するほか、理事等からその職務の執行状況を聴取し、重要な決裁書類等を閲覧し、本部及び主要な施設において業務及び財産の状況を調査し、事業報告を求めました。また、事業報告書並びに会計帳簿等の調査を行い、計算書類、すなわち財産目録、貸借対照表、損益計算書及び関係事業者との取引の状況に関する報告書（注2）の監査を実施しました。

記

監査結果

(1) 事業報告書は、法令及び定款（寄附行為）に従い、法人の状況を正しく示しているものと認めます。

(2) 会計帳簿は、記載すべき事項を正しく記載し、上記の計算書類の記載と合致しているものと認めます。

(3) 計算書類は、法令及び定款（寄附行為）に従い、損益及び財産の状況を正しく示しているものと認めます。

(4) 理事の職務執行に関する不正の行為又は法令若しくは定款（寄附行為）に違反する重大な事実は認められません。

令和○○年○○月○○日

医療法人○団○○会

監事　○○　○○　実印

（注1）監査人が複数の場合には、「私たち」とする。

（注2）社会医療法人債を発行する医療法人については、「財産目録、貸借対照表、損益計算書、純資産変動計算書、キャッシュ・フロー計算書及び附属明細表」とする。

医療法人の「配当禁止」と「関係事業者との取引状況に関する報告書」

1 医療法人の「配当禁止」規定とは

　医療法により特別法人として設立が認められている医療法人は、医療の公共性に鑑み営利性を否定しています。具体的には、医療法第54条の「剰余金配当の禁止」規定が医療法人の非営利性を表しています。

・医療法第54条（剰余金配当の禁止）
　　医療法人は、剰余金の配当をしてはならない。

　医療法人の場合、剰余金の配当行為が幅広く解釈されており、事実上、配当とみなされるような行為についても厳に慎むべきとされています。監督官庁である都道府県は、剰余金の配当について、その有無を毎期「**様式5　関係事業者との取引状況に関する報告書**」（**【参考2】**参照）の提出を医療法人に義務付けるなどして厳しくチェックしています。

　具体的に剰余金の配当とみなされる医療法人の行為としては、役員から貸与されている不動産（例えば診療所建物）の賃料が過大である場合、同族のMS法人との取引対価が過大である場合、親族役員や親族従業員への対価が仕事の内容に比して過大である場合などが典型例と考えられています。また、東京都のホームページには以下のような例示も掲載されています。

【参考1】　東京都のホームページに掲載されている剰余金の配当とみなされる例

- 役職員及び利害関係者等に対する貸付け（全役職員を対象とした福利厚生規程を設けた場合を除く。）
- 役員等特定の人のみが居住する社宅の所有又は賃借
- 役員等特定の人のみが使用する保養施設の所有 等

【参考2】 「様式5　関係事業者との取引状況に関する報告書」記載例

記 載 例

様式5

法人名 _____

所在地 _____

医療法人番号 [　][　][　][　]

関係事業者との取引の状況に関する報告書

- ・種類の欄には、以下の表中「1　以下の2に掲げる取引を行う者（1）～（5）」の中から該当する番号及び項目を記入
- ・近親者である場合には続柄も記入

直近の会計期末における資産総額を記入

以下の表中「2　当該医療法人と行う取引」（1）～（6）の中から該当する番号を記入

（1）法人である関係事業者

	種類	名称	所在地	資産総額（千円）	事業内容	関係事業者との関係		取引の内容	取引金額（千円）	科目	期末残高（千円）
(2)	当該医療法人の役員又はその近親者（配偶者）が代表者である法人	株式会社A	東京都〇〇区・・	500,000	医薬品卸業	医薬品の購入	(1)	医薬品の購入	13,800	買掛金	1,150

（取引条件及び取引条件の決定方針等）

株式会社Aからの医薬品の購入に関する取引価格は、市場実勢を勘案して決定し、支払条件は翌月末現金払いとなっております。

（2）個人である関係事業者

	種類	氏名	職業	関係事業者との関係		取引の内容	取引金額（千円）	科目	期末残高（千円）
(1)	当該医療法人の役員又はその近親者	△△　△△	当法人の理事長	不動産の賃借	(1)	賃料の支払い	18,000	前払費用	1,500

（取引条件及び取引条件の決定方針等）

月額家賃は1,500千円、当月分を前月末に振込にて支払、家賃の設定は周辺取引事例を参考に決定いたしました。

(注)　1　種類は法第51条第1項に定める関係事業者のうち該当する関係を記載する。近親者である場合には続柄を記載する。
　　　2　該当する取引がない場合には、「種類」欄に該当なしと記載する。（様式の提出は必要）

222

種類の欄に、(1)～(5)の中から該当する項目を記入

取引の内容の欄に、(1)～(6)の中から該当する項目を記入

※関係事業者とは、当該医療法人と2に掲げる取引を行う場合における1に掲げる者をいいます。

1　以下の2に掲げる取引を行う者
(1) 当該医療法人の役員又はその近親者(配偶者又は二親等内の親族)
(2) 当該医療法人の役員又はその近親者が代表者である法人
(3) 当該医療法人の役員又はその近親者が株主総会、社員総会、評議員会、取締役会、理事会の議決権の過半数を占めている法人
(4) 他の法人の役員が当該医療法人の社員総会、評議員会、理事会の議決権の過半数を占めている場合の他の法人
(5) (3)の法人の役員が他の法人(当該医療法人を除く。)の株主総会、社員総会、評議員会、取締役会、理事会の議決権の過半数を占めている場合の他の法人

2　当該医療法人と行う取引
(1) 事業収益又は事業費用の額が、1千万円以上であり、かつ当該医療法人の当該会計年度における事業収益の総額(本来業務事業収益、附帯業務事業収益及び収益業務事業収益の総額)又は事業費用の総額(本来業務事業費用、附帯業務事業費用及び収益業務事業費用の総額)の10パーセント以上を占める取引
(2) 事業外収益又は事業外費用の額が、1千万円以上であり、かつ当該医療法人の当該会計年度における事業外収益又は事業外費用の総額の10パーセント以上を占める取引
(3) 特別利益又は特別損失の額が、1千万円以上である取引
(4) 資産又は負債の総額が、当該医療法人の当該会計年度の末日における総資産の1パーセント以上を占め、かつ1千万円を超える残高になる取引
(5) 資金貸借、有形固定資産及び有価証券の売買その他の取引の総額が、1千万円以上であり、かつ当該医療法人の当該会計年度の末日における総資産の1パーセント以上を占める取引
(6) 事業の譲受又は譲渡の場合、資産又は負債の総額のいずれか大きい額が、1千万円以上であり、かつ当該医療法人の当該会計年度の末日における総資産の1パーセント以上を占める取引

出典：東京都ホームページより

　なお、医療法人に剰余金が生じた場合の処分は、医療機関の施設整備、高額医療機器の導入、アメニティの向上、医療従事者の待遇改善などに充てるほかは、積立金として留保し、将来の医療事業に再投資することとされています。

2　罰則など

　医療法人が関係事業者との取引状況に関する報告書を含む事業報告書等（18ページ参照）の報告をしなかったり、剰余金の配当禁止規定に違反して配当した場合には、医療法により、理事、監事などが20万円以下の過料に処せられる（その行為について刑が科される場合はこの限りではありません。）とされています。なお、この行為を継続的に行い続ける場合には、都道府県知事が医療法に定める指導監督権限に基づき医療法人に対し指導・監督を行うことになると考えられます。

31 医療法人は、「病院」・「診療所」の経営情報の報告が義務化されました！

~「医療法人の経営情報データベース (MCDB) 報告制度」について~

1 医療法人の経営情報データベース報告制度の概要

令和5年5月19日公布の「全世代対応型の持続可能な社会保障制度を構築するための健康保険法等の一部を改正する法律」に医療・介護の連携機能及び提供体制等の基盤強化を図るため「医療法人や介護サービス事業者に経営情報の報告義務を課した上で当該情報に係るデータベースを整備すること」が盛り込まれました。これを受け、医療法が改正され、医療法人に関する情報の調査及び分析等を行う新たな制度が令和5年8月1日に施行されました。

これによって、**すべての医療法人**は、これまでの「事業報告書等」とは別に、令和5年8月以降に決算期を迎える法人から毎年、会計年度終了後、原則、3ヶ月以内（公認会計士等の監査が義務付けられている大規模医療法人は4ヶ月以内）に**「病院」・「診療所」の各施設ごと**の経営情報を都道府県へ報告しなければなりません。

〈留意点〉　その1

- 令和5年8月1日~令和6年7月31日までの間に終了する会計年度の報告については、一部報告事項の省略ができます。
- 社会保険診療報酬の所得計算の特例（四段階税制）により所得金額を計算した会計年度は報告の対象外とされます。
- 介護サービス事業者の報告義務は令和6年4月1日施行とされます。

【図表1】 医療法人の経営情報データベース（MCDB）報告制度の目的

- 国民に対して医療が置かれている現状・実態の理解の促進
- 効率的かつ持続可能な医療提供体制の構築のための政策の検討
  - ・経営への影響を踏まえた的確な支援策の検討
  - ・医療従事者等の処遇の適正化に向けた検討
  - ・医療経済実態調査の補完
- 医療機関の経営分析に活用することも可能

出典：厚生労働省医政局医療経営支援課研修資料より

　報告の方法は、医療機関等情報支援システム（G-MIS）を用います。また、都道府県の担当者へ郵送で報告することも可能です。報告された経営情報は国の管理下でデータベース化し、医療政策等に活用される予定です。分析結果は、国民への医療政策の理解のためWAM（独立行政法人福祉医療機構）を通じて情報提供を行うとされています。その際には「医療の現状・実態が分かりやすくなるよう属性等に応じてグルーピングした分析結果」が公表される予定です。なお、報告した個別の医療機関の情報は公表されないことになっています（【図表2】参照）。

〈留意点〉 その2

- 医療法人に関するデータベースの情報を学術研究や分析等を行う研究者などに提供する制度が創設されますが、施行は法律公布日から3年以内に政令で定める日とされています。

【図表2】医療法人の経営情報データベース（MCDB）報告制度の報告方法

主たる事務所の所在する都道府県知事に、次の方法のいずれかにより報告。
① 医療法人が医療機関等情報支援システム（G-MIS）から様式をダウンロードし、これに記入した上で、G-MISにアップロードすることにより報告する方法
② ①の方法による提出が難しい場合
医療法人が事業報告書等の届出と併せて、様式を郵送等により書面で提出をする方法

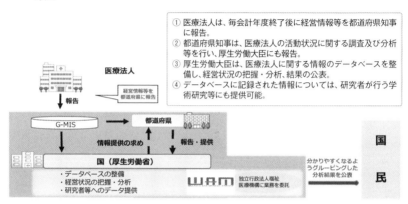

① 医療法人は、毎会計年度終了後に経営情報等を都道府県知事に報告。
② 都道府県知事は、医療法人の活動状況に関する調査及び分析等を行い、厚生労働大臣にも報告。
③ 厚生労働大臣は、医療法人に関する情報のデータベースを整備し、経営状況の把握・分析、結果の公表。
④ データベースに記録された情報については、研究者が行う学術研究等にも提供可能。

出典：厚生労働省医政局医療経営支援課研修資料より

2 財政制度分科会（令和4年11月7日開催）

令和4年11月7日に開催された財務省の財政制度等審議会・財政制度分科会では「社会保障について」が議論されました。この時の資料から医療法人の経営情報に関するデータベース制度創設の必要性を推し量ることができます。

同分科会の資料に「最近の医療機関の経営実態」があり、次のように記述されています（【図表3】参照）。

- 一定の仮定を置いて大胆に試算すれば、令和4年度については、足元の実績から推計した医療費の見込みに、令和3年度の実績から推計した補助金収入見込みを足した計数は49兆円程度と見込まれ、医療機関の経営は近年になく好調となることが窺える。

- 年明け以降のオミクロン株は当初と比べ弱毒化していると言われるが、既にコロナ前の報酬水準を回復している医療機関に対し、令和4年度に補助金と診療報酬の特例で年間4兆円程度を支援することとなる見込み。

【図表3】 最近の医療法人の経営実態

◆ 医療経済実態調査

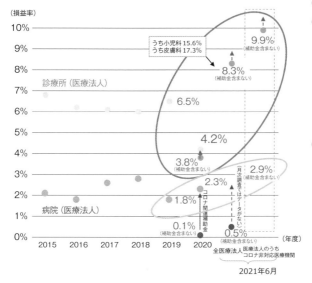

(出所)厚生労働省「医療経済実態調査」

(注1)上記調査は2年に1回(西暦の奇数年)実施され、その前年度と前々年度の経営状況を調査しているが、調査回ごとに対象の医療機関が異なるため、異なる調査回の間での比較は困難。より精緻な分析を行うため、全医療法人が提出する事業報告書等のデータベース化等の対応が今後必要。

(注2)2020年度は新型コロナ関連補助金を含んだ値と除いた値を示している。2021年度は6月の単月調査の値。新型コロナ関連補助金を含まない値。コロナ非対応医療機関は、病院について、新型コロナ患者の受入病床を割り当てられていない医療機関、診療所について、診療・検査医療機関に指定されていない医療機関。

◆ 医療費の動向

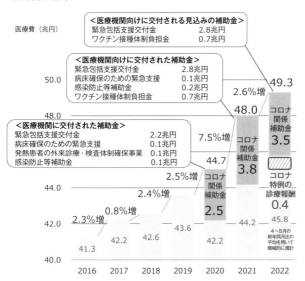

(注1)医療費について、2021年度までは厚生労働省「医療費の動向」の概算医療費。

(注2)2021年度は社会保険診療報酬支払基金の統計月報・請求データによる点数及び国民健康保険中央会国保連合会審査支払業務統計のデータを踏まえて推計したもの。

(注3)コロナ特例の診療報酬は、入院点数の特例、発熱外来について算定実績が示されている2021年1〜5月のデータと2022年度の足もとまでの入院患者数やPCR検査数の実績を使用して一定の仮定を置いて推計したもの。

(注4)2022年度のコロナ関係補助金の見込みの金額は、現存する補助金について、2021年度の実績を横置きしたもの。

出典:財務省　財政制度分科会(令和4年11月7日開催)資料より

また、「分野別の医療費の動向」という資料には、医科（病院と診療所に区分されている）・歯科・調剤の３分野の2016年度〜2021年度及び2022年度４月〜９月の診療報酬点数の伸びの状況、2016年度〜2021年度の報酬金額の総計が示されたうえで、次のように記述されています。

> 直近の診療報酬点数の集計を見ても、既に新型コロナ感染拡大前の水準を回復し、それを上回っている。加えて、特例的な補助金もあり、医療機関の経営は堅調である。特例的な補助金や診療報酬は、国民負担によって賄われることを踏まえれば、特例は早急に縮小、廃止すべきではないか。

　新型コロナウイルス感染症が全国にまん延した３年余り、国等は医療機関向けの特例的な補助や診療報酬等を活用して感染症対策を実施し、医療機関などの経営を下支えしました。その後も補助や診療報酬等の特例は継続されましたが、新型コロナウイルス感染症の位置づけは、令和５年５月８日をもってそれまでの「新型インフルエンザ等感染症（いわゆる２類相当）」から「５類感染症」に移行しました。

　時点が刻々と動き状況が変化するなか、今後も医療機関向けの補助や診療報酬等の特例は必要なのかという判断を迫られることになりましたが、これを正確に判断するには病院や診療所の経営情報というエビデンスが必要になります。ところが、今まで病院や診療所ごとの経営情報を行政に報告する制度はなく、従って、行政側がこの情報を得ることはできませんでした。

　そのため、同分科会の資料では、最近（令和４年度）の医療機関の経営実態について「一定の仮定を置いて大胆に試算すれば、……医療機関の経営は近年になく好調となることが窺える。」という表現で表されています。仮に、この「大胆な試算」による結論が間違っていて、必要な特例的補助や診療報酬等がカットされると地域医療は立ちゆかなくなる可能性が生じます。

　今後も、新型コロナウイルス感染症（COVID-19）の脅威と同等以上の新興の感染症が現れる可能性はあります。また、2040年に向けて少子高齢社会

は更に進み生産年齢人口の減少は顕著となり、それを前提とした効率的で持続可能な医療提供体制を構築していく必要もあります。そのためには「医療法人等の経営状況の見える化」、つまりは「医療法人の経営情報に関するデータベース」の構築が必要だということになるわけです。

　同分科会では、「医療法人等の経営状況の見える化」について現状での問題点を次のように指摘しています（【図表4】参照）。

- 社会福祉法人については、社会福祉法により計算書類等の届出・公表が義務化されていることに加え、99%の法人がWAM NET（社会福祉法人の財務諸表等電子開示システム）へのアップロードによる情報公開を行っているため、個別の法人についてのデータをインターネットで閲覧・ダウンロード可能であるほか、法人全体（約2万法人）の分析・集計も公表しているため、政策目的等での活用が可能となっている。

- 医療法人については、事業報告書・損益計算書等の届出を義務化し、G-MIS（医療機関等情報支援システム）へのアップロードによる届出も可能としているが、当該損益計算書からは法人全体の事業収益・費用等しか把握できない。

- 障害福祉サービス等事業者は、法令上、財務書類の報告・公表が義務化されているにもかかわらず、「障害福祉サービス等情報検索」での財務状況の公表が低調となっている。

- さらに、介護保険法等では、介護サービス事業者による財務書類の報告・公表が義務化されていない。

【図表4】財務データの法制上の取扱い

	社会福祉法人 （社会福祉法）	医療法人 （医療法）	障害福祉サービス事業者 （障害者総合支援法）	介護サービス事業者 （介護保険法）
届出・報告義務	収支計算書等の計算書類等について、所轄庁への届出義務 （59条）	事業報告書・損益計算書等について、都道府県への届出義務 （52条①）	公表対象のサービス等情報について、都道府県への報告義務 （76条の3①）	介護サービス情報について、都道府県への報告義務 （115条の35①）
公表義務	収支計算書等の計算書類等について、全ての法人において公表義務 （59条の2）	事業報告書・損益計算書等について、規模の大きい法人において公告義務 （51条の3②） それ以外の法人は備え付けの上、求められれば閲覧に供する義務 （51条の4①）	都道府県は、報告を受けた後、報告内容を公表する義務 （76条の3②）	都道府県は、報告を受けた後、報告内容を公表する義務 （115条の35②）
公表対象	計算書類、財産目録等 （59条）	事業報告書・損益計算書等 （51条・52条）	事業所等の財務状況 （施行規則別表一）	— （財務状況に係る規定なし）
届出後の取扱い	都道府県知事は所轄庁から提供を受けた計算書類等を厚生労働大臣に報告 （59条の2②③） 厚生労働省は、データベースの整備を図り、インターネット等の利用を通じて迅速に当該情報を提供できるように必要な施策を実施 （59条の2⑤）	一般の方から請求があった場合、都道府県は閲覧に供する義務 （52条②）	障害福祉サービス等情報検索では、事業所等の直近年度の決算資料が公表されるが、実際に公表されている事業所等は限定的（全事業所の4割程度）。	報告・公表内容 【基本的な項目】 事業所の名称、所在地等従業者に関するもの、提供サービスの内容、利用料等、法人情報 等 【事業所運営にかかる各種取組】 利用者の権利擁護の取組、サービスの質の確保への取組、相談・苦情等への対応、外部機関等との連携、事業運営・管理の体制 等
インターネットの活用	公表・届出については、WAM NETへのアップロードをもって、実施したことと見なされる。	G-MISへのアップロードにより届出が可能		

出典：財務省 財政制度分科会（令和4年11月7日開催）資料より

230

【参考】医療法人の現行の事業報告の際の貸借対照表・損益計算書について

● 貸借対照表

(単位：千円)

<table>
<tr><th colspan="2">資　産　の　部</th><th></th><th colspan="2">負　債　の　部</th><th></th></tr>
<tr><th colspan="2">科　目</th><th>金　額</th><th colspan="2">科　目</th><th>金　額</th></tr>
<tr><td>I</td><td>流　動　資　産</td><td>×××</td><td>I</td><td>流　動　負　債</td><td>×××</td></tr>
<tr><td></td><td>現　金　及　び　預　金</td><td>×××</td><td></td><td>支　払　手　形</td><td>×××</td></tr>
<tr><td></td><td>事　業　未　収　金</td><td>×××</td><td></td><td>買　掛　金</td><td>×××</td></tr>
<tr><td></td><td>有　価　証　券</td><td>×××</td><td></td><td>短　期　借　入　金</td><td>×××</td></tr>
<tr><td></td><td>た　な　卸　資　産</td><td>×××</td><td></td><td>未　払　金</td><td>×××</td></tr>
<tr><td></td><td>前　渡　金</td><td>×××</td><td></td><td>未　払　費　用</td><td>×××</td></tr>
<tr><td></td><td>前　払　費　用</td><td>×××</td><td></td><td>未　払　法　人　税　等</td><td>×××</td></tr>
<tr><td></td><td>その他の流動資産</td><td>×××</td><td></td><td>未　払　消　費　税　等</td><td>×××</td></tr>
<tr><td>II</td><td>固　定　資　産</td><td>×××</td><td></td><td>前　受　金</td><td>×××</td></tr>
<tr><td>1</td><td>有形固定資産</td><td>×××</td><td></td><td>預　り　金</td><td>×××</td></tr>
<tr><td></td><td>建　　　物</td><td>×××</td><td></td><td>前　受　収　益</td><td>×××</td></tr>
<tr><td></td><td>構　築　物</td><td>×××</td><td></td><td>○　○　引　当　金</td><td>×××</td></tr>
<tr><td></td><td>医療用機械備品</td><td>×××</td><td></td><td>その他の流動負債</td><td>×××</td></tr>
<tr><td></td><td>その他の器械備品</td><td>×××</td><td>II</td><td>固　定　負　債</td><td>×××</td></tr>
<tr><td></td><td>車　両　及　び　船　舶</td><td>×××</td><td></td><td>医　療　機　関　債</td><td>×××</td></tr>
<tr><td></td><td>土　　　地</td><td>×××</td><td></td><td>長　期　借　入　金</td><td>×××</td></tr>
<tr><td></td><td>建　設　仮　勘　定</td><td>×××</td><td></td><td>繰　延　税　金　負　債</td><td>×××</td></tr>
<tr><td></td><td>その他の有形固定資産</td><td>×××</td><td></td><td>○　○　引　当　金</td><td>×××</td></tr>
<tr><td>2</td><td>無形固定資産</td><td>×××</td><td></td><td>その他の固定負債</td><td>×××</td></tr>
<tr><td></td><td>借　地　権</td><td>×××</td><td colspan="2">負　債　合　計</td><td>×××</td></tr>
<tr><td></td><td>ソ　フ　ト　ウ　ェ　ア</td><td>×××</td><td colspan="3">純　資　産　の　部</td></tr>
<tr><td></td><td>その他の無形固定資産</td><td>×××</td><td colspan="2">科　目</td><td>金　額</td></tr>
<tr><td>3</td><td>その他の資産</td><td>×××</td><td>I</td><td>基　　　金</td><td>×××</td></tr>
<tr><td></td><td>有　価　証　券</td><td>×××</td><td>II</td><td>積　立　金</td><td>×××</td></tr>
<tr><td></td><td>長　期　貸　付　金</td><td>×××</td><td></td><td>代　替　基　金</td><td>×××</td></tr>
<tr><td></td><td>保有医療機関債</td><td>×××</td><td></td><td>○○積立金</td><td>×××</td></tr>
<tr><td></td><td>その他長期貸付金</td><td>×××</td><td></td><td>繰越利益積立金</td><td>×××</td></tr>
<tr><td></td><td>役職員等長期貸付金</td><td>×××</td><td>III</td><td>評価・換算差額等</td><td>×××</td></tr>
<tr><td></td><td>長　期　前　払　費　用</td><td>×××</td><td></td><td>その他有価証券評価差額金</td><td>×××</td></tr>
<tr><td></td><td>繰　延　税　金　資　産</td><td>×××</td><td></td><td>繰延ヘッジ損益</td><td>×××</td></tr>
<tr><td></td><td>その他の固定資産</td><td>×××</td><td colspan="3"></td></tr>
<tr><td colspan="3"></td><td colspan="2">純　資　産　合　計</td><td>×××</td></tr>
<tr><td colspan="2">資　産　合　計</td><td>×××</td><td colspan="2">負債・純資産合計</td><td>×××</td></tr>
</table>

● 損益計算書

(単位：千円)

<table>
<tr><th colspan="2">科　目</th><th colspan="2">金　額</th></tr>
<tr><td>I</td><td>事　業　損　益</td><td></td><td></td></tr>
<tr><td></td><td>A　本来業務事業損益</td><td colspan="2">施設ごとの経営状況までは把握不可能。</td></tr>
<tr><td></td><td>1　事　業　収　益</td><td></td><td>×××</td></tr>
<tr><td></td><td>2　事　業　費　用</td><td></td><td></td></tr>
<tr><td></td><td>(1)事　業　費</td><td>×××</td><td></td></tr>
<tr><td></td><td>(2)本　部　費</td><td>×××</td><td>×××</td></tr>
<tr><td></td><td>本来業務事業利益</td><td></td><td>×××</td></tr>
<tr><td></td><td>B　附帯業務事業損益</td><td></td><td></td></tr>
<tr><td></td><td>1　事　業　収　益</td><td colspan="2">法人全体の事業収益・費用しか把握できない</td></tr>
<tr><td></td><td>2　事　業　費　用</td><td></td><td>×××</td></tr>
<tr><td></td><td>附帯業務事業利益</td><td></td><td>×××</td></tr>
<tr><td></td><td>C　収益業務事業損益</td><td></td><td></td></tr>
<tr><td></td><td>1　事　業　収　益</td><td></td><td>×××</td></tr>
<tr><td></td><td>2　事　業　費　用</td><td></td><td>×××</td></tr>
<tr><td></td><td>収益業務事業利益</td><td></td><td>×××</td></tr>
<tr><td></td><td>事　業　利　益</td><td></td><td>×××</td></tr>
<tr><td>II</td><td>事　業　外　収　益</td><td></td><td></td></tr>
<tr><td></td><td>受　取　利　息</td><td>×××</td><td></td></tr>
<tr><td></td><td>その他の事業外収益</td><td>×××</td><td></td></tr>
<tr><td>III</td><td>事　業　外　費　用</td><td></td><td></td></tr>
<tr><td></td><td>支　払　利　息</td><td>×××</td><td></td></tr>
<tr><td></td><td>その他の事業外費用</td><td>×××</td><td></td></tr>
<tr><td></td><td>経　常　利　益</td><td></td><td>×××</td></tr>
<tr><td>IV</td><td>特　別　利　益</td><td></td><td></td></tr>
<tr><td></td><td>固定資産売却益</td><td>×××</td><td></td></tr>
<tr><td></td><td>その他の特別利益</td><td>×××</td><td>×××</td></tr>
<tr><td>V</td><td>特　別　損　失</td><td></td><td></td></tr>
<tr><td></td><td>固定資産売却損</td><td>×××</td><td></td></tr>
<tr><td></td><td>その他の特別損失</td><td>×××</td><td>×××</td></tr>
<tr><td></td><td>税引前当期純利益</td><td></td><td>×××</td></tr>
<tr><td></td><td>法人税・住民税及び事業税</td><td>×××</td><td></td></tr>
<tr><td></td><td>法人税等調整額</td><td>×××</td><td></td></tr>
<tr><td></td><td>当　期　純　利　益</td><td colspan="2">法人としての1会計期間の経営状況が把握可能。</td></tr>
</table>

出典：
財務省
財政制度分科会
(令和4年11月7日開催)資料
(74頁)を一部修正

- 貸借対照表・損益計算書等の届出を義務化し、G-MIS(医療機関等情報支援システム)へのアップロードによる届出も可能。しかし、当該貸借対照表・損益計算書からは法人全体の数値が確認できるのみ(施設ごとではない。)。

- 事業報告書等については令和5年度から都道府県HP等で閲覧が可能となっている。

同分科会資料では、当時の現状に照らし、医療法人と介護サービス事業者、障害福祉サービス等事業者については以下のような改革の方向性を示しています。

- 医療法人については、
  ① 事業報告書等について、令和5年度から都道府県HP等での閲覧が可能となる予定であり、早急かつ確実な実施を行うべき。
  ② 施設別の詳細な経営情報の提出を求め、経営情報のデータベースを構築する新たな制度が検討されている。その際、公的価格評価検討委員会における議論を踏まえ、現場で働く医療従事者の処遇の把握を行い、費用の使途の見える化を通じた透明性の向上を図る観点から、職種ごとの一人当たりの給与額が確実に把握できるような制度設計を行うべき。
- 介護サービス事業者については、法令改正を行い、財務諸表等の報告・公表を義務化する必要がある。
- 障害福祉サービス等事業者については、法令に従って財務状況を公表するよう徹底する必要がある。

　実は、医療法人等の経営情報データベース構築に関しては、令和2年の改革工程表2020の頃から議論が始まり、その後も議論が続き、令和4年の全世代型社会保障構築会議、経済財政運営と改革の基本方針2022、公的価格評価検討委員会などでも取り上げられてきました。長い時間と多くの議論の結果、医療法が改正され、令和5年8月から病院・診療所を皮切りに報告制度がスタートすることになったのです。

3　医療法人の経営情報等の報告内容

　各病院、各診療所における新たな経営情報データベースの報告事項の概要は【図表5】のようになります。

【図表5】経営情報の報告事項の概要

平成18年医療法改正〜	**現行の事業報告書等の届出事項（法人ごと）**
	• 事業報告書　• 財産目録　• 貸借対照表 • 損益計算書（法人全体の事業収益・費用等のみ） • 関係事業者との取引の状況に関する報告書 • 監査報告書 • 社会医療法人の役員報酬基準、保有資産目録、業務に関する書類 • その他一定規模以上医療法人・社会医療法人債発行法人関係書類（閲覧対象外）　　〔全法人届出義務〕

令和5年医療法改正〜（令和5年8月施行）	**新たな経営情報データベースの報告事項（病院・診療所ごと）**
	• 医業収益（入院診療収益、**室料差額収益**、外来診療収益、その他の医業収益） 　※入院診療収益及び外来診療収益は任意項目として「保険診療収益（患者負担含む）」及び「公害等診療収益」を別掲。 　※その他の医業収益は任意項目として「保健予防活動収益」を別掲。 　※診療所の「室料差額収益」は入院診療収益の内数として記載。 • 材料費（医薬品費、診療材料費・医療消耗器具備品費、給食用材料費） • 給与費（役員報酬、給料、賞与、賞与引当金繰入額、退職給付費用、法定福利費） • 委託費（給食委託費） • 設備関係費（減価償却費、機器賃借料）　• 研究研修費 • 経費（水道光熱費） 　※診療所は「設備関係費」、「研究研修費」及び「経費」の科目は設けず「その他の医業費用」の科目を設ける。 • 控除対象外消費税等負担額 • **本部費配賦額** 　※診療所の「水道光熱費」、「控除対象外消費税等負担額」及び「本部費配賦額」はその他の医業費用の内数として記載。 • 医業利益（又は医業損失） • 医業外収益（受取利息及び配当金、運営費補助金収益、施設設備補助金収益） • 医業外費用（支払利息） • 経常利益（又は経常損失） • **臨時収益**　• **臨時費用** • 税引前当期純利益（又は税引前当期純損失） • **法人税、住民税及び事業税負担額** • 当期純利益（又は当期純損失） ▶ 職種別の給与（給料・賞与）及び、その人数（病床機能報告で分かる情報は当該報告の情報を活用） 　【職種】医師、歯科医師、薬剤師、看護職員（保健師、助産師、看護師、准看護師）、その他の医療技術者等（診療放射線技師、臨床工学技士、臨床検査技師、リハビリスタッフ（理学療法士、作業療法士、視能訓練士、言語聴覚士）、歯科衛生士、歯科技工士、栄養士等（管理栄養士、栄養士、調理師）、社会福祉士、精神保健福祉士、保育士、看護補助者、事務職員（事務（総務、人事、財務、医事等）担当職員、医師事務作業補助者、診療情報管理士）、その他の職員）

凡例（ボックス内）：
●印、もしくは■色文字…**病院・診療所とも必須**
▶印、もしくは■色文字…病院・診療所とも任意
◆印、もしくは■色文字…**病院は必須・診療所は任意**

出典：厚生労働省医政局医療経営支援課研修資料を一部修正

法人全体の事業報告書等と違い、**各病院・各診療所の施設ごとの損益計算書**の報告となりますので**「病院会計準則」**をベースとします。大まかには控除対象外消費税等負担額のように「病院、診療所ともに必須」項目と、室料差額収益や給食委託費のように「病院は必須、診療所は任意」項目に区分されます。また、**職種別の給与（給料・賞与）及びその人数**や支払利息などの**報告は任意**とされています。

　具体的に報告様式・内容を確認してみましょう。

（1）基本情報（病院）

経営状況に関する情報（病　院）　　　　　　　　様式１

法人番号・医療機関コード（地方厚生（支）局別）は右のリンクから選択してください。	法人番号			
	北海道	東北	関東信越	東海北陸
	近畿	中国四国	四国	九州

医療法人整理番号　①
法人番号　②
病床・外来管理番号　③
医療機関コード　④

法人名　⑤
病院名　⑥　　　　　　　　　　　　　　　　役員数（人）　⑦　　　職員数（人）　⑧
病院所在地　都道府県　⑨　　市区町村　　　　　町域　　　　　　二次医療圏

期間（自　⑩　　　　　　　　　　　至　　　　　　　）

消費税の経理方式　⑪　　　　　　　　　　　　　　　　　　　　　　　単位：円

① 医療法人が都道府県知事から付された番号を記載してください。
② 法人が国税庁官から指定された13桁の番号を記載してください。
③ 病床・外来管理番号付与の有無を選択後、「有」の場合、病床機能報告対象病院等又は外来機能報告対象病院等に付される8桁の番号を記載してください。
④ 保険医療機関の指定の有無を選択後、「有」の場合、都道府県番号＋点数表番号＋医療機関コードの10桁の番号を記載してください。
⑤ 医療法人名を記載してください。
⑥ 病院名を記載してください。
⑦ 病院に従事する役員の人数を記載してください。【基準日：対象期間内の7月1日】
⑧ 病院に従事する職員の人数を記載してください。非常勤職員は常勤換算。【基準日：対象期間内の7月1日】
⑨ 病院の所在地を記載してください。都道府県、市区町村及び二次医療圏は選択、町域は自由記載となっています。
⑩ 会計期間を記載してください。
⑪ 消費税の経理方式（税抜・税込）を選択してください。

出典：厚生労働省医政局医療経営支援課研修資料より

　「病院」の基本情報は①～⑪を記入します。

　病院に従事する役員と職員の人数は対象期間内の7月1日を基準日として記入します。

　消費税は経理方式（税抜・税込）を選択します。

(2)基本情報（診療所）

出典：厚生労働省医政局医療経営支援課研修資料より

「診療所」の基本情報は病院の①～⑪に追加して、⑫で7月1日の基準日に5割を超える患者数の診療科を選択するようになっています。

5割を超える診療科がない場合の取扱いも詳細に示されています。

グルーピングのためだと推測できます。

(3)医業収益

病院		診療所	
科 目		**科 目**	

① 医業に係る収益

② 入院患者の診療、療養に係る収益（施設介護及び短期入所療養介護の介護収益も含む）「保険診療収益（患者負担含む）」、「公害等診療収益」又は「その他の診療収益」に区分できる場合は区分し記載してください。区分できない場合は、「保険診療収益（患者負担含む）」及び「公害等診療収益」には「＊」を記載ください。

③ 特別室の特別料金徴収額診療所は任意記載科目。任意記載科目について記載が困難な場合は、「＊」を記載してください。他同じ。

④ 外来（往診を含む）患者の診療、療養に係る収益
⑤ 上記に属さない医業収益（施設介護及び短期入所療養介護以外の介護収益も含む）
⑥ その他の医業収益の内数として、保健予防活動に係る収益任意記載科目。
⑦ その他の医業収益の内数として、運営に係る補助金、負担金（事業報告書等の損益計算書において事業収益として計上したもの）

出典：厚生労働省医政局医療経営支援課研修資料より

③の室料差額収益は「病院は必須、診療所は任意」項目とされています。

⑦はその他の医業収益の内数として「運営に係る補助金、負担金（事業報告書等の損益計算書において事業収益として計上したもの)」を記入します。

補助金、負担金の把握は重要ポイントです。

（4）医業費用①

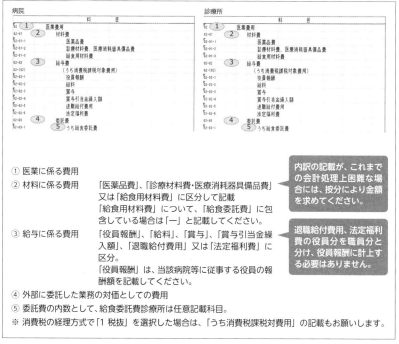

① 医業に係る費用
② 材料に係る費用　「医薬品費」、「診療材料費・医療消耗器具備品費」又は「給食用材料費」に区分して記載
「給食用材料費」について、「給食委託費」に包含している場合は「―」と記載してください。
③ 給与に係る費用　「役員報酬」、「給料」、「賞与」、「賞与引当金繰入額」、「退職給付費用」又は「法定福利費」に区分。
「役員報酬」は、当該病院等に従事する役員の報酬額を記載してください。
④ 外部に委託した業務の対価としての費用
⑤ 委託費の内数として、給食委託費診療所は任意記載科目。
※ 消費税の経理方式で「1 税抜」を選択した場合は、「うち消費税課税対費用」の記載もお願いします。

内訳の記載が、これまでの会計処理上困難な場合には、按分により金額を求めてください。

退職給付費用、法定福利費の役員分を職員分と分け、役員報酬に計上する必要はありません。

出典：厚生労働省医政局医療経営支援課研修資料より

③の給与に係る費用は、「役員報酬」、「賞与」、「賞与引当金繰入額」「退職給付費用」又は「法定福利費」に区分するとされています。

役員報酬は当該病院等に従事する役員の報酬額を記入するとされています。

また、税抜処理の場合には消費税課税対象費用も記載することになります。

(5)医業費用②

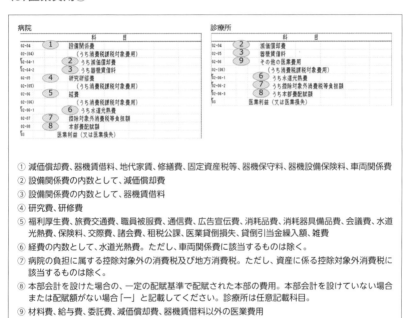

① 減価償却費、器機賃借料、地代家賃、修繕費、固定資産税等、器機保守料、器機設備保険料、車両関係費
② 設備関係費の内数として、減価償却費
③ 設備関係費の内数として、器機賃借料
④ 研究費、研修費
⑤ 福利厚生費、旅費交通費、職員被服費、通信費、広告宣伝費、消耗品費、消耗器具備品費、会議費、水道光熱費、保険料、交際費、諸会費、租税公課、医業貸倒損失、貸倒引当金繰入額、雑費
⑥ 経費の内数として、水道光熱費。ただし、車両関係費に該当するものは除く。
⑦ 病院の負担に属する控除対象外の消費税及び地方消費税。ただし、資産に係る控除対象外消費税に該当するものは除く。
⑧ 本部会計を設けた場合の、一定の配賦基準で配賦された本部の費用。本部会計を設けていない場合または配賦額がない場合「ー」と記載してください。診療所は任意記載科目。
⑨ 材料費、給与費、委託費、減価償却費、器機賃借料以外の医業費用

出典：厚生労働省医政局医療経営支援課研修資料より

⑥の経費の内数として、「うち水道光熱費」を記入します。電力料金の高騰の影響が確認できます。

⑦の病院の負担に属する控除対象外消費税及び地方消費税については、資産に係る控除対象外消費税に該当するものは除かれます。消費税の負担額の確認は最重要項目になります。

⑧には本部会計を設けた場合の処理が書かれています。複数の病院施設を有する医療法人の場合、「一定の配布基準」がポイントになります。

(6)医業外収益・費用、臨時収益・費用他

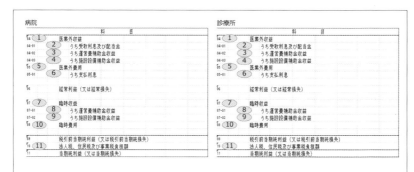

① 医業外収益
② 医業外収益の内数として、預貯金、公社債の利息、出資金等に係る分配金任意記載科目。
③ 医業外収益の内数として、運営に係る補助金、負担金 (事業報告書等の損益計算書において事業外収益として計上したもの)
④ 医業外収益の内数として、施設設備に係る補助金、負担金 (事業報告書等の損益計算書において事業外収益として計上したもの)
⑤ 医業外費用
⑥ 医業外費用の内数として、長期借入金、短期借入金の支払利息任意記載科目。
⑦ 臨時収益診療所は任意記載科目。
⑧ 臨時収益の内数として、運営に係る補助金、負担金 (事業報告書等の損益計算書において特別利益として計上したもの)
⑨ 臨時収益の内数として、施設設備に係る補助金、負担金 (事業報告書等の損益計算書において特別利益として計上したもの)
⑩ 臨時費用診療所は任意記載科目。
⑪ 法人税、住民税及び事業税のうち、当該会計年度の病院等の負担に属するものとして計算された金額、任意記載科目

出典：厚生労働省医政局医療経営支援課研修資料より

　医業外収益の内数として③で「運営に係る補助金、負担金 (事業報告書等の損益計算書において事業外収益として計上したもの)」を記入し、④で「施設設備に係る補助金、負担金 (事業報告書等の損益計算書において事業外収益として計上したもの)」を記入します。

　また、臨時収益の内数として⑧に「運営に係る補助金、負担金 (事業報告書等の損益計算書において特別利益として計上したもの)」を記入し、⑨で「施設設備に係る補助金、負担金 (事業報告書等の損益計算書において特別利益として計上したもの)」を記入します。

　補助金、負担金の把握は重要ポイントです。

(7)職種別給与総額（給料及び賞与）及びその人数

職種別給与総額（給料及び賞与）及びその人数については病院、診療所とも任意項目とされています。しかし、労働集約型の産業である病院、診療所においては経営情報として最重要項目であると考えられます。報告対象の職種は次のとおりとされています。

▶ 報告対象の職種
※対象は職員。役員については、役員報酬以外に職員として給料等を支給されている場合を除き、含めません。

- 医師
- 歯科医師
- 薬剤師
- 看護職員（保健師、助産師、看護師、准看護師）
- その他の医療技術者等
  - 診療放射線技師・臨床工学技士・臨床検査技師
  - リハビリスタッフ（理学療法士、作業療法士、視能訓練士、言語聴覚士）
  - 歯科衛生士・歯科技工士
  - 栄養士等（管理栄養士、栄養士、調理師）
  - 社会福祉士・精神保健福祉士・保育士・看護補助者
  - 事務職員 ┌ 事務（総務、人事、財務、医事等）、
           └ 担当職員、医師事務作業補助者、診療情報管理士 ┘
  - その他の職員

そして、報告に際しては、把握している職種は全て記載することとされています。

報告の対象期間は「直近1月1日から12月31日まで」と暦年となっています。所得税の計算期間に一致しています。ただし、これによりがたい場合には「会計年度（＝会計期間）」でも可とされています。

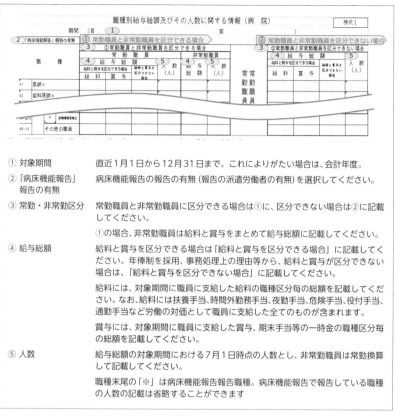

職種別給与総額及びその人数に関する情報（病院） 様式1

① 対象期間　　　　　　直近1月1日から12月31日まで。これによりがたい場合は、会計年度。

② 「病床機能報告」
　　報告の有無　　　　　病床機能報告の報告の有無（報告の派遣労働者の有無）を選択してください。

③ 常勤・非常勤区分　　常勤職員と非常勤職員に区分できる場合は①に、区分できない場合は②に記載
　　　　　　　　　　　してください。

　　　　　　　　　　　①の場合、非常勤職員は給料と賞与をまとめて給与総額に記載してください。

④ 給与総額　　　　　　給料と賞与を区分できる場合は「給料と賞与を区分できる場合」に記載してく
　　　　　　　　　　　ださい。年俸制を採用、事務処理上の理由等から、給料と賞与が区分できない
　　　　　　　　　　　場合は、「給料と賞与を区分できない場合」に記載してください。

　　　　　　　　　　　給料には、対象期間に職員に支給した給料の職種区分毎の総額を記載してくだ
　　　　　　　　　　　さい。なお、給料には扶養手当、時間外勤務手当、夜勤手当、危険手当、役付手当、
　　　　　　　　　　　通勤手当など労働の対価として職員に支給した全てのものが含まれます。

　　　　　　　　　　　賞与には、対象期間に職員に支給した賞与、期末手当等の一時金の職種区分毎
　　　　　　　　　　　の総額を記載してください。

⑤ 人数　　　　　　　　給与総額の対象期間における7月1日時点の人数とし、非常勤職員は常勤換算
　　　　　　　　　　　して記載してください。

　　　　　　　　　　　職種末尾の「※」は病床機能報告報告職種。病床機能報告で報告している職種
　　　　　　　　　　　の人数の記載は省略することができます

出典：厚生労働省医政局医療経営支援課研修資料より

▶ 職種別給与総額（給料及び賞与）及びその人数についての留意点

短時間勤務を行っている常勤職員の人数の計上はどうするのか？

　　勤務時間で判断し、1週間の勤務時間が32時間未満の場合、非常勤職員と
同様に常勤換算した人数を計上してください。

**職員が複数の病院、診療所等で勤務している場合の職種別給与や人数の計
上はどうするのか？**

　　職員が同一法人の保有する複数の病院、診療所等に勤務しているなど、病
院等単位の給料等又は人数を把握していない職員がいる場合は、当該職員の
勤務時間、医業収益額など、当該職員の給料等又は人数を適切に反映した按

分により計上してください。

＜按分の計算例＞

職員Aの当該病院等分の給料等又は人数＝

$$\text{職員Aの給料等（人数の場合は1）} \times \frac{\text{職員Aの当該病院等での勤務時間（※）}}{\text{職員Aの総勤務時間（※）}}$$

※当該職員の勤務時間、医業収益額など、当該職員の給料等を適切に反映していると考えられる係数を使用してください。

役員報酬と職員の給料等の両方を支給されている者の計上はどうするのか？

　役員については、役員報酬以外に職員として給料等を支給されている場合を除き、含めませんが、役員が診療等に従事している場合であって、役員報酬規定等により役員報酬と給料等を明確に区分して支給している場合には、給料等のみ計上してください。

　この場合、「給与総額」には雇用契約に基づいた職員の給料等を、「人数」には雇用契約に基づいた勤務時間を踏まえ常勤換算した人数を計上してください。

　なお、この役員数の取扱いは病床機能報告と異なります。このため『病床機能報告』報告の有無」で「1有（派遣を含まない）」を選択した場合、「人数」が自動で「一」となりますが、病床機能報告において役員が含まれている職種は、役員を常勤換算した上で職員数と合わせた人数に置き換えて記載し直してください。

　また、役員については、「常勤職員」に計上してください（「①常勤職員と非常勤職員が区分できる場合」に記載する場合）。

出典：厚生労働省医政局医療経営支援課研修資料より

4　その他

（1）医療経済実態調査を補完する役割について

　医療法人の経営情報に関するデータベースは、医療法人立の各病院及び各診療所の収支状況を「生データ」をもとに構築されるため信頼性の高い有益な情報となることが予想されます。

　この制度は医療経済実態調査（以下「実調」という。）を補完する目的もあるようです。

　実調は、「病院、一般診療所及び歯科診療所並びに保険薬局における医業

経営等の実態を明らかにし、社会保険診療報酬に関する基礎資料を整備することを目的」として2年に1度の診療報酬改定に合わせて行われ、診療報酬改定の際の重要なデータとなります。

　実調では**個人立の病院や一般診療所、歯科診療所の数値も取集されます。**

　これに対し、「医療法人の経営情報に関するデータベース」で報告・蓄積されるデータは対象が医療法人立の病院や一般診療所、歯科診療所に限られてしまいます。

　通常、一般診療所では個人立より医療法人立の方が経営数値は良い傾向にあり、歯科診療所では医療法人立の方が個人立に比べて自由診療収入の比率が高く経営数値も良い傾向にあります。このような状況を加味したうえで、データベースの数値が実調の数値を補完する役割を担うことを願っています。

（2）罰則

　医療法人の経営情報の報告事項は、医療法人が経営する病院や診療所の生データを報告することになります。できれば報告したくないと考える経営者は多いのではないでしょうか。しかし、報告しない場合には医療法第64条の罰則規定が適用されますので留意する必要があります。

【参考】医療法第64条

　　第64条　都道府県知事は、医療法人の業務若しくは会計が法令、法令に基づく都道府県知事の処分、定款若しくは寄附行為に違反し、又はその運営が著しく適正を欠くと認めるときは、当該医療法人に対し、期限を定めて、必要な措置をとるべき旨を命ずることができる。

　　　　2　医療法人が前項の命令に従わないときは、都道府県知事は、当該医療法人に対し、期間を定めて業務の全部若しくは一部の停止を命じ、又は役員の解任を勧告することができる。

　　　　3　都道府県知事は、前項の規定により、業務の停止を命じ、又は役員の解任を勧告するに当たっては、あらかじめ、都道府県医療審議会の意見を聴かなければならない。

著者紹介

_{あお き} _{けい いち}
青木　惠一

　税理士法人青木会計（東京都台東区）の代表社員、税理士、行政書士。
　（公社）日本医師会・有床診療所委員会委員、（公社）全国老人保健施設協会・社会保障制度委員会消費税対策部会部会員、（公社）日本医業経営コンサルタント協会・税制専門分科会委員長、MMPG（メディカル・マネジメント・プランニング・グループ）副理事長、TKC全国会医業・会計システム研究会会員、（一社）日本医療経営学会評議員、（一社）医療関連サービス振興会評議員など。
　以下の厚生労働省医政局委託・医療施設経営安定化推進事業の調査研究の企画検討委員会委員長を務める。
● 平成22年度
　「出資持分のない医療法人への円滑な移行に関する調査研究」
● 平成25年度
　「医療法人の適正な運営に関する調査研究」
● 平成26年度
　「持分によるリスクと持分なし医療法人への移行事例に関する調査研究」
● 平成28年度
　「海外における医療法人の実態に関する調査研究」
● 平成29年度
　「医療施設の経営改善に関する調査研究」
● 令和元年度
　「医療施設の合併、事業譲渡に係る調査研究」

主な著書
「完全理解！医療法人の設立・運営・承継と税務対策」「医療法人の相続・事業承継と税務対策」「医療法人のための法務・労務・税務」（共著）「医療・介護・福祉の消費税」（共著）「新しい医療法人制度Q＆A」（共著）「社会医療法人・特定医療法人ガイドブック」（共著）「相続税・贈与税のポイントと実務対策」（共著、以上税務研究会出版局）、「事業承継からみた医療法人の移行判断Q&A」（共著、ぎょうせい）、「不動産オーナーのための会社活用と税務」（共著、大蔵財務協会）など

事務所
〒110－0004
東京都台東区下谷1－6－6　青木会計ビル
TEL：03-5828-3900
FAX：03-5828-3920

本書の内容に関するご質問は、税務研究会ホームページのお問い合わせフォーム（https://www.zeiken.co.jp/contact/request/）よりお願い致します。なお、個別のご相談は受け付けておりません。

本書刊行後に追加・修正事項がある場合は、随時、当社のホームページ（https://www.zeiken.co.jp）にてお知らせ致します。

医師・歯科医師のための
「税金」と「経営」のエッセンスがわかる本

令和4年11月10日	初版発行	（著者承認検印省略）
令和5年10月20日	第2版第1刷印刷	
令和5年10月31日	第2版第1刷発行	

ⓒ　著　者　　　　青　木　　惠　一

本文デザイン　　　大滝奈緒子〔blanc graph〕

発行所　　　　税 務 研 究 会 出 版 局

週刊「税務通信」発行所
　　　「経営財務」

代表者　　　　山　根　　　　毅

郵便番号 100-0005
東京都千代田区丸の内 1-8-2 鉄鋼ビルディング
https://www.zeiken.co.jp

乱丁・落丁の場合は、お取替え致します。　　　　印刷・製本　三松堂株式会社

ISBN 978-4-7931-2788-5